대림절

주님
생각

대림절

주님
생각

우리가 알거니와 하나님을 사랑하는 자
곧 그의 뜻대로 부르심을 입은 자들에게는
모든 것이 협력하여 선을 이루느니라
로마서 8장 28절 말씀

사도신경

-

나는 전능하신 아버지 하나님
천지의 창조주를 믿습니다.
나는 그의 유일하신 아들
우리 주 예수 그리스도를 믿습니다.
그는 성령으로 잉태되어
동정녀 마리아에게서 나시고,
본디오 빌라도에게 고난을 받아
십자가에 못 박혀 죽으시고,
장사된 지 사흘 만에 죽은 자 가운데서
다시 살아나셨으며,
하늘에 오르시어 전능하신 아버지 하나님
우편에 앉아 계시다가,
거기로부터 살아 있는 자와 죽은 자를
심판하러 오십니다.
나는 성령을 믿으며
거룩한 공교회와 성도의 교제와
죄를 용서받는 것과 몸의 부활과
영생을 믿습니다.
아멘.

'주님 생각'은

'주님생각'이란 이름은 덕소에 위치한 동부광성교회(김호권 목사님)
청년 2부를 섬기면서 사사학교의 큐인(CU-IN) 세미나를 통해
배운 것을 청년부 실정에 맞게 접목하여 만들어
청년들과 함께 나누던 말씀묵상집에서 처음 사용되었습니다.
'주님생각'은 나를 향한 주님의 생각을 알아가고
하루의 삶 속에서 주님을 생각함으로 주님과 동행하는
하나님의 말씀이 삶을 통해 증명되어지는 거룩한 삶이 되어지기를 바라며
현재는 Global Vision Academy 말씀묵상집으로 사용되고 있습니다

'주님 생각'의 목적?

하나님의 말씀은 '길' 입니다.
하나님의 말씀은 진리입니다.
하나님의 말씀은 생명입니다.
하나님의 말씀은 능력입니다.
하나님의 말씀은 소망입니다.
하나님의 말씀은 사랑입니다.

하나님의 말씀을 통해 나를 향한 주님의 마음을 알고, 주님을 향한
내 마음을 정해 하나님의 말씀이 내 삶을 이기도록 하는 것입니다.

'주님 생각' 사용법

사도신경을 읽으며 나의 신앙을 고백합니다.

하나님을 경배하고 찬양합니다.

성령님께서 말씀묵상 가운데 함께하시길 기도합니다.

말씀에 대한 이전의 생각과 경험을 내려놓습니다.

잘 아는 말씀일수록 더더욱 내려놓고 말씀 자체에 입중합니다.

본문 속에서 하나님의 마음과 하나님의 뜻을 알아갑니다.

나에게 말씀하시는 하나님의 음성에 귀를 기울입니다.

나에게 주신 말씀을 적용합니다. 구체적, 실현가능, 점검가능

하나님께서 주신 말씀을 나눕니다.

"태초에 하나님이 천지를 창조하시니라."

창세기1:1

대림절 사복음서 읽기

주일	월	화
1 마1-3	2 마4-7	3 마8-11
8 마27-28, 막1	9 막2-5	10 막6-9
15 눅9-11	16 눅12-15	17 눅16-19
22 요11-13	23 요14-17	24 요18-21
29 행15-20	30 행21-24	31 행25-28

대림절 사복음서 읽기

수	목	금	토
4 마12-15	5 마16-19	6 마20-23	7 마24-26
11 막10-13	12 막14-16, 눅1	13 눅2-5	14 눅6-8
18 눅20-23	19 눅24, 요1-3	20 요4-7	21 요8-10
25 성탄절 * 4주간의 * 묵상한 말씀	26 행1-4	27 행5-8	28 행9-14

대림절(Advent)

-

대림절의 유래

기독교에서 지키는 절기는 주로 예수 그리스도의 삶, 죽음, 부활에 집중되어 있는데 이 절기가 교회력(敎會歷, Christian calender)에 배열되어 있습니다. 이러한 절기 신앙은 하나님의 은혜를 기억하고 감사하며 사는 것이 하나님을 믿는 신앙인의 도리임을 의미합니다. 대림절을 이야기 하기 전에 먼저 교회력이 무엇인지 간단히 알아보겠습니다. 교회력에 대한 정의를 "그리스도교 대사전"에서는 "그리스도 교회가 성도의 생활을 위하여 작성한 전통적인 연간력, 예수 그리스도의 주요한 사적을 중심으로 하여 작성된, 교회 특유의 것으로써 일년간을 네 계절로 나누어 예수 그리스도의 생애와 사업, 그리고 그에 기초한 교회생활을 순서적으로 배열한 것"이라고 설명하고 있습니다. "신 웨스터민스터 예전과 예배사전"에서는 "그리스도인들이 1년 동안에 경축하는 절기들의 목록"이라고 정의합니다. 이러한 교회력 가운데 대림절 기간(Season ofAdvent)에 해당하는 대림절은 우리가 잘 알고 있는대로 '옴', '도착'이라는 뜻을 가진 라틴어 'adventus'에서 유래되었고, 그 의미는 메시아 그리스도의 오심을 뜻합니다. 일반적으로 성 안드레 기념일(11월 30일)이나 거기서 제일 가까운 주일로 11월 27일에서 12월 3일 사이에 시작되는데 성탄절로부터 4주 전에 시작됩니다. 그결과 12월 25일을 성탄절로 그리고 1월 6일을 주현절로 확정했던 것이다. 교회력은 이 대림절은 초대 교회 때부터 지켜왔고 교회력의 시작이라고 볼 수 있습니다.

대림절을 지키는 이유

대림절을 포함하여 기독교에 있어서 교회력은 매우 중요한 위치를 차지하고 있습니다. 왜냐하면 예수 그리스도의 사건을 고백하는 초대교회의 훌륭한 전통이고 우리의 삶은 이러한 교회력을 통하여 그리스도의 구원의 신비에 계속적으로 참여할 수 있는 장을 확보하게 되기 때문입니다. 또한 예수 그리스도를 따르는 모든 성도의 기도와 하나님께 대한 우리의 관계의 본질을 잘 반영하고 있습니다. 무엇보다 구속사적 관점에서 중요한 모든 과정을 체험하는 수단이기도 합니다. 그리스도의 탄생, 세례, 죽음, 부활 등 그 사건들의 다시 돌아보고 확인하는 과정 속에서 우리는 하나님을 더 깊이 만나고 알아 갈 수 있습니다. 동시에 이 복음의 내용을 가지고 우리는 그리스도인로써의 삶을 살아내되 생명 존중과 영혼 사랑의 실천을 행해야 합니다. 그리스도께서 우리에게 주신 선물에 대한 감사의 시간이며 다시 속히 오시리라 약속하신 그리스도의 재림을 기대하는 시간입니다. 성탄절은 본체이신 성부 하나님 아버지께로부터 성자 예수 그리스도로 탄생하시고 자신을 내어주셨음을 반복적으로 이야기 해줍니다. 궁극적으로 대림절을 지키는 이유는 범사에 좋은 것을 취하고, 슬기로운 다섯 처녀와 같이 주의 길을 예비하고 맞이하는 성도의 신앙 자세를 견지하기 위함입니다. 그러한 관점에서 교회력의 시작인 대림 절기를 지키는 것은 우리를 위해 이 땅에 오신 예수 그리스도의 초림을 감사하고 다시 오실 것(재림)을 선포하며 인내로 기다리는 시간들로 채워져야 합니다.

대림절을 지키는 방법

-

함독(含毒)으로 가득한 세상속에서 우리는 이 절기를 지내면서 예수께서 오심과 다시 속이 오실 주님을 기다리고 엄숙한 마음으로 마감하고, 성탄절을 예수님의 오심의 진정한 의미를 생각하여 맞이해야 합니다. 예를 들면, 지금은 거의 사라져 버린 크리스마스 이브에 예수님을 기다리며 경건하게 가족과 함께 또는 신앙 공동체와 함께 시간을 보내면 좋을 것 같습니다. 특별히 대림절 기간동안 "주님 생각"과 같이 대림절 묵상집을 통하여 하나님의 말씀을 깊이 묵상하는 시간을 가질 수 있을 것이다. 대림절은 그리스도인들에게 중요한 의미를 지니고 있기에 다름과 같은 몇 가지 전통적인 방법을 제시하려 합니다.

먼저는, "주님 생각"과 같은 대림절 묵상집을 활용하여 매일 기도하고 묵상하는 시간을 가지며, 성탄절의 의미에 대해 깊이 생각해보는 시간을 가지면서, 매일 예수님의 성탄과 그 의미를 되새기는 기도문을 작성해 볼 수 있습니다.

두번째로, 대림 절기에 맞춰 캘린더를 만들고 매일 하나씩 열어가는 방식으로, 성탄절을 손꼽아 기다리는 기쁨을 경험할 수 있습니다. 그리고 한 주에 한번씩 작은선물이나 메시지를 넣어 기대감을 더하여 줄 수 있습니다. 혼자할 수도 있지만 믿음의 동역자와 이 시즌을 함께 하는 것을 추천합니다.

세번째로는, 사랑하는 가족과 함께 대림절을 기념하는 저녁식사를 준비하거나, 크리스마스 장식하기 등을 통해 서로의 사랑과 유대를 강화하는 시간을 가질 수 있습니다.

마지막으론, 매일 일상에서 대림절 묵상에 적합한 음악을 듣는 것을 추천합니다.송리스트 전체를 대림절 묵상에 도움이 되는 플레이 리스트를 만들고 주 예수님의 오심과 소망을 주제로 하는 선곡하면 좋습니다. 수많은 곡들이 있겠지만 아래 몇가지 예를 들어 봅니다.

찬송가에 수록된 곡으로 대림절과 성탄의 의미를 잘 담고 있으며, 깊은 묵상에 도움이 되는 "O Come, O Come, Emmanuel(새/통 104장, 곧 오소서 임마누엘)", 예수님의 오심을 기다리는 마음을 담고 있어 대림절의 주제와 잘 어울리는 "Come Thou Long Expected Jesus(새/통 105장, 오랫동안 기다리던)", 예수님의 탄생을 기념하며 기쁨과 찬양을 담고 있는 곡으로 많이 불려지는 "Joy to the World(새/통115장)"이 있습니다. 이외에도 Paul Baloche의 "Christmas Worship" 앨범과 Michael W. Smith의 "The Spirit Of Christmas", 예수전도단 화요모임의 "MERRY CHRISTMAS" 등 대림절 주제에 맞는 곡들을 들으면서 그 의미를 되새기고, 하나님과의 관계를 깊이 다지는 시간을 가져보면 어떨까요?!

"대림절 기간(Season of Advent)
'이미와 아직(Already but not yet, 롬 2:1~11)' 사이에 살고 있는 우리가
주님생각 묵상집을 통해 속히 다시 오실 예수를
고대하고 기대하고 기다리는 귀한 시간이 되시길 소망합니다."

● 출처 :

개혁주의 예배학, 이정현, 서울성경신학대학원대학교, 2001
복음주의 예배학, 한국복음주의 실천신학회, 요단,2011
기독교 예배학 개론, 제임스 F.화이트/김상구 배영민 옮김, CLC, 2017
예배 예식서, 총회예식서개정위원회, 한국장로교출판사, 2022

대림절 첫 번째 주일

대림절 첫 번째 주일에는
4개의 초 중 첫 번째 초에
'기다림과 소망'의 마음을 담아
불을 켭니다.

【주일 말씀 묵상 - 하나님 말씀에 집중하기】
목사님을 통해 나에게 말씀하시는 하나님의 말씀에 집중해 보세요.

□ 제목 :

□ 본문 :   □ 설교자 :

설교내용	느끼고 깨달은 말씀

결론	그러면 나는 어떻게 살 것인가?
	□ □ □

감사일기

주일

월

화

감사일기

수	목

금	토

1 이새의 줄기에서 한 싹이 나며 그 뿌리에서 한 가지가 나서 결실할 것이요 2 여호와의 신 곧 지혜와 총명의 신이요 모략과 재능의 신이요 지식과 여호와를 경외하는 신이 그 위에 강림하시리니 3 그가 여호와를 경외함으로 즐거움을 삼을 것이며 그 눈에 보이는대로 심판치 아니하며 귀에 들리는대로 판단치 아니하며 4 공의로 빈핍한 자를 심판하며 정직으로 세상의 겸손한 자를 판단할 것이며 그 입의 막대기로 세상을 치며 입술의 기운으로 악인을 죽일 것이며 5 공의로 그 허리띠를 삼으며 성실로 몸의 띠를 삼으리라 6 그 때에 이리가 어린 양과 함께 거하며 표범이 어린 염소와 함께 누우며 송아지와 어린 사자와 살찐 짐승이 함께 있어 어린 아이에게 끌리며 7 암소와 곰이 함께 먹으며 그것들의 새끼가 함께 엎드리며 사자가 소처럼 풀을 먹을 것이며 8 젖먹는 아이가 독사의 구멍에서 장난하며 젖뗀 어린 아이가 독사의 굴에 손을 넣을 것이라 9 나의 거룩한 산 모든 곳에서 해됨도 없고 상함도 없을 것이니 이는 물이 바다를 덮음 같이 여호와를 아는 지식이 세상에 충만할 것임이니라 10 그 날에 이새의 뿌리에서 한 싹이 나서 만민의 기호로 설 것이요 열방이 그에게로 돌아오리니 그 거한 곳이 영화로우리라

【월요일 말씀 묵상-느낌 그려보기】

말씀을 오감으로 느껴보는 시간입니다. 말씀을 생각하기보다 온몸으로 느껴보세요.

◎ 본문 말씀을 빠르게 읽은 후 답해보세요.
● 본문을 읽고 그림으로 표현해 보세요.

● 나의 느낌을 따라 본문 말씀의 제목을 지어보세요.

◎ 본문 말씀을 3번 이상 "정독" 후 답해보세요.
● 본문 말씀 내에 등장하는 배역들과 숨겨진 배역들을 생각나는대로 써보세요.

● '대림절'을 생각하면 무엇이 가장 먼저 떠오르나요?

오늘 나에게 주시는 말씀 - 이사야 11:1-10

1 이새의 줄기에서 한 싹이 나며 그 뿌리에서 한 가지가 나서 결실할 것이요 2 여호와의 신 곧 지혜와 총명의 신이요 모략과 재능의 신이요 지식과 여호와를 경외하는 신이 그 위에 강림하시리니 3 그가 여호와를 경외함으로 즐거움을 삼을 것이며 그 눈에 보이는대로 심판치 아니하며 귀에 들리는대로 판단치 아니하며 4 공의로 빈핍한 자를 심판하며 정직으로 세상의 겸손한 자를 판단할 것이며 그 입의 막대기로 세상을 치며 입술의 기운으로 악인을 죽일 것이며 5 공의로 그 허리띠를 삼으며 성실로 몸의 띠를 삼으리라 6 그 때에 이리가 어린 양과 함께 거하며 표범이 어린 염소와 함께 누우며 송아지와 어린 사자와 살찐 짐승이 함께 있어 어린 아이에게 끌리며 7 암소와 곰이 함께 먹으며 그것들의 새끼가 함께 엎드리며 사자가 소처럼 풀을 먹을 것이며 8 젖먹는 아이가 독사의 구멍에서 장난하며 젖뗀 어린 아이가 독사의 굴에 손을 넣을 것이라 9 나의 거룩한 산 모든 곳에서 해됨도 없고 상함도 없을 것이니 이는 물이 바다를 덮음 같이 여호와를 아는 지식이 세상에 충만할 것임이니라 10 그 날에 이새의 뿌리에서 한 싹이 나서 만민의 기호로 설 것이요 열방이 그에게로 돌아오리니 그 거한 곳이 영화로우리라

【화요일 말씀 묵상-말씀 그대로 보기】

말씀에 내 생각을 보태거나 빼지 말고 말씀을 말씀 그대로 이해해 보세요.

◎ 본문 말씀을 3번 이상 "정독" 후 답해보세요.

1. 이새의 줄기에서 무엇이 나며, 그 뿌리에서 무엇이 결실할 것이라 말하나요? (1절)

2. 이새의 줄기에서 난 싹과 그 결실 위에 강림하시는 여호와의 신은 어떤 신인가요?(2절)

3. 이새의 줄기에서 나온 그에 대한 설명입니다. 빈칸을 채워보세요.(3-5절)

그가 (   )으로 (   )을 삼을 것이며 그 눈에 보이는대로 (   )

치 아니하며 귀에 들리는대로 (   )치 아니하며 (   )로 빈핍한 자를 (   )

하며 (   )으로 세상의 겸손한 자를 (   )할 것이며 그 (   )로

세상을 (   ) (   )으로 악인을 (   )것이며 (   )

로 그 (   )를 삼으며 (   )로 (   )를 삼으리라.

4. 그 때에 어떤 일이 벌어지나요?(6-8절)

　　이리와 어린양 :

　　표범과 어린염소 :

　　송아지, 어린 사자와 살찐 짐승 :

　　염소와 곰 :

　　염소와 곰의 새끼 :

　　사자 :

　　젖먹는 아이와 젖뗀 어린아이 :

5. 하나님의 거룩한 산은 어떻게 되나요?(9절)

6. 그날에 어떤 일이 일어나나요? 빈칸을 채워보세요.(10절)

　그 날에 (   )에서 (   )이 나서 (   )로 설 것이요

(   )이 그에게로 (   ) 그 거한 곳이 (   ).

1 이새의 줄기에서 한 싹이 나며 그 뿌리에서 한 가지가 나서 결실할 것이요 2 여호와의 신 곧 지혜와 총명의 신이요 모략과 재능의 신이요 지식과 여호와를 경외하는 신이 그 위에 강림하시리니 3 그가 여호와를 경외함으로 즐거움을 삼을 것이며 그 눈에 보이는대로 심판치 아니하며 귀에 들리는대로 판단치 아니하며 4 공의로 빈핍한 자를 심판하며 정직으로 세상의 겸손한 자를 판단할 것이며 그 입의 막대기로 세상을 치며 입술의 기운으로 악인을 죽일 것이며 5 공의로 그 허리띠를 삼으며 성실로 몸의 띠를 삼으리라 6 그 때에 이리가 어린 양과 함께 거하며 표범이 어린 염소와 함께 누우며 송아지와 어린 사자와 살찐 짐승이 함께 있어 어린 아이에게 끌리며 7 암소와 곰이 함께 먹으며 그것들의 새끼가 함께 엎드리며 사자가 소처럼 풀을 먹을 것이며 8 젖먹는 아이가 독사의 구멍에서 장난하며 젖뗀 어린 아이가 독사의 굴에 손을 넣을 것이라 9 나의 거룩한 산 모든 곳에서 해됨도 없고 상함도 없을 것이니 이는 물이 바다를 덮음 같이 여호와를 아는 지식이 세상에 충만할 것임이니라 10 그 날에 이새의 뿌리에서 한 싹이 나서 만민의 기호로 설 것이요 열방이 그에게로 돌아오리니 그 거한 곳이 영화로우리라

【수요일 말씀 묵상-숨겨진 것 찾아 보기】

말씀 속 인물들의 마음을 헤아려 보고, 본문의 앞 뒤 문맥과 상황들을 살펴보세요.

◎ 본문 말씀을 3번 이상 "정독" 후 답해보세요.

1. '이새'는 어떤 사람일까요? 그 줄기에서 난 싹은 누구를 말하는 것일까요?

2. 여호와를 경외함으로 즐거움을 삼을 때 하나님의 마음은 어땠을까요?

3. 예수님께서 공의로 빈핍한 자를 심판하시고, 정직으로 겸손한 자를 판단하시며, 그 입의 막대기로 세상을 치며, 입술의 기운으로 악인을 죽일 때에 이들의 마음은 어땠을까요? 그리고 예수님의 마음은 어땠을까요?

4. 6-8절과 같은 세상에서 사는 사람의 마음은 어떨까요?

5. 해됨도 없고 상함도 없고 물이 바다를 덮음같이 여호와를 아는 지식이 세상에 충만한 하나님의 거룩한 곳에서 사는 사람은 어떤 마음일까요? 그리고 그 사람들을 바라보시는 하나님의 마음은 어떨까요?

6. 이새의 뿌리에서 한 싹이 나서 만민의 기호로 서고, 열방이 그에게로 돌아오는 모습을 바라보시는 하나님의 마음은 어떨까요?

1 이새의 줄기에서 한 싹이 나며 그 뿌리에서 한 가지가 나서 결실할 것이요 2 여호와의 신 곧 지혜와 총명의 신이요 모략과 재능의 신이요 지식과 여호와를 경외하는 신이 그 위에 강림하시리니 3 그가 여호와를 경외함으로 즐거움을 삼을 것이며 그 눈에 보이는대로 심판치 아니하며 귀에 들리는대로 판단치 아니하며 4 공의로 빈핍한 자를 심판하며 정직으로 세상의 겸손한 자를 판단할 것이며 그 입의 막대기로 세상을 치며 입술의 기운으로 악인을 죽일 것이며 5 공의로 그 허리띠를 삼으며 성실로 몸의 띠를 삼으리라 6 그 때에 이리가 어린 양과 함께 거하며 표범이 어린 염소와 함께 누우며 송아지와 어린 사자와 살찐 짐승이 함께 있어 어린 아이에게 끌리며 7 암소와 곰이 함께 먹으며 그것들의 새끼가 함께 엎드리며 사자가 소처럼 풀을 먹을 것이며 8 젖먹는 아이가 독사의 구멍에서 장난하며 젖뗀 어린 아이가 독사의 굴에 손을 넣을 것이라 9 나의 거룩한 산 모든 곳에서 해됨도 없고 상함도 없을 것이니 이는 물이 바다를 덮음 같이 여호와를 아는 지식이 세상에 충만할 것임이니라 10 그 날에 이새의 뿌리에서 한 싹이 나서 만민의 기호로 설 것이요 열방이 그에게로 돌아오리니 그 거한 곳이 영화로우리라

【목요일 말씀 묵상-더 깊이 들여다 보기】

본문의 내용을 정리하고, 비교하며, 심층적으로 분석하여 충실하게 하나님의 말씀을 묵상해 보세요.

◎ 본문 말씀을 3번 이상 "정독" 후 답해보세요.

1. 예수님의 탄생을 이새의 뿌리에서(줄기에서) 한 싹이 난다고 표현한 이유는 무엇일까요?

2. 2-3절에서 볼 때 예수님은 어떤 분이신가요?

3. 3-5절에서 묘사하고 있는 예수님은 어떤 분이신가요?

4. 6절에 나오는 '그 때'는 어떤 때인가요?

5. 그 때에 6-8절의 평화의 나라가 올 것입니다. 평화의 나라가 오기까지 1-4번의 질문과 답을 보며 그 과정을 정리해 보세요.

6. "하나님의 거룩한 산 모든 곳에서는 해됨도 없고 상함도 없을 것이니 이는 물이 바다를 덮음 같이 여호와를 아는 지식이 세상에 충만할 것임이니라."라고 말씀하십니다. 물이 바다를 덮음같이 여호와를 아는 지식이 세상에 충만한 것은 무엇을 말하는 것일까요?

1 이새의 줄기에서 한 싹이 나며 그 뿌리에서 한 가지가 나서 결실할 것이요 2 여호와의 신 곧 지혜와 총명의 신이요 모략과 재능의 신이요 지식과 여호와를 경외하는 신이 그 위에 강림하시리니 3 그가 여호와를 경외함으로 즐거움을 삼을 것이며 그 눈에 보이는대로 심판치 아니하며 귀에 들리는대로 판단치 아니하며 4 공의로 빈핍한 자를 심판하며 정직으로 세상의 겸손한 자를 판단할 것이며 그 입의 막대기로 세상을 치며 입술의 기운으로 악인을 죽일 것이며 5 공의로 그 허리띠를 삼으며 성실로 몸의 띠를 삼으리라 6 그 때에 이리가 어린 양과 함께 거하며 표범이 어린 염소와 함께 누우며 송아지와 어린 사자와 살찐 짐승이 함께 있어 어린 아이에게 끌리며 7 암소와 곰이 함께 먹으며 그것들의 새끼가 함께 엎드리며 사자가 소처럼 풀을 먹을 것이며 8 젖먹는 아이가 독사의 구멍에서 장난하며 젖뗀 어린 아이가 독사의 굴에 손을 넣을 것이라 9 나의 거룩한 산 모든 곳에서 해됨도 없고 상함도 없을 것이니 이는 물이 바다를 덮음 같이 여호와를 아는 지식이 세상에 충만할 것임이니라 10 그 날에 이새의 뿌리에서 한 싹이 나서 만민의 기호로 설 것이요 열방이 그에게로 돌아오리니 그 거한 곳이 영화로우리라

【금요일 말씀 묵상-말씀에로 삶을 끌어가기】

나의 삶에 하나님의 말씀을 맞추지 말고, 하나님의 말씀에 나의 삶을 맞춰 보세요.

◎ 본문 말씀을 3번 이상 "정독" 후 답해보세요.

1. 이사야 11장에서 예언하신 것처럼 예수님께서는 이새의 줄기의 한 싹과 같이 뿌리에서 난 한 가지와 같이 가장 낮은 곳에서 가장 낮은 모습으로 이 땅에 오신 이유는 무엇일까요? 그리고 그것이 나와 무슨 상관이 있나요?

2. 예수님께서는 이 땅에 오셔서 심판하실 때 세상의 기준이 아니라 예수님의 기준으로 심판하실 것입니다. 그 때 나는 어느 편에 서 있을 것 같나요? 심판의 대상이 될 것 같나요? 구원의 대상이 될 것 같나요? 그 이유는 무엇인가요?

3. 하나님의 거룩한 산 모든 곳에서는 해 됨도 없고 상함도 없을 것이라고 말씀하십니다. 그러기 위해서는 물이 바다를 덮음 같이 여호와를 아는 지식이 세상에 충만해야합니다. 여호와를 아는 지식이 세상에 충만하기 위해서 나는 무엇을 할 수 있을까요?

【토요일 말씀 묵상-말씀을 삶을 증명하기】 하나님의 말씀에 나의 삶을 맞춰 보세요.

[참고] 가정에서 드리는 예배 순서 :

사도신경 - 찬송 - 기도(기도자) - 말씀읽기/나눔 - 기도(합심/인도자) - 주기도문

사도신경(개역개정)	찬송가96장 - 함께 찬양합니다.(가능한 악기와 함께)
사도신경을 보고 함께 읽으며 나의 신앙을 고백합니다.	
예배를 위한 기도 -인도자/기도자 미리 기도를 준비하세요!	

말씀 - 한 절씩 돌아가면서 읽습니다. 그리고 함께 하눕니다.	주기도문(개역개정) - 함께 읽으며 기도합니다.
나눔 질문 말씀 속에서 가장 기억에 남는 장면은 무엇인가요? 말씀을 통해 깨닫게 된 것은 무엇인가요? 깨달은 말씀대로 살도록 적용해 보세요. (구체적으로, 실현 가능, 점검 가능) □ □ □	하늘에 계신 우리 아버지, 아버지의 이름을 거룩하게 하시며 아버지의 나라가 오게 하시며, 아버지의 뜻이 하늘에서와 같이 땅에서도 이루어지게 하소서. 오늘 우리에게 일용할 양식을 주시고, 우리가 우리에게 잘못한 사람을 용서하여 준 것 같이, 우리 죄를 용서하여 주시고, 우리를 시험에 빠지지 않게 하시고 악에서 구하소서. 나라와 권능과 영광이 영원히 아버지의 것입니다. 아멘.

대림절 두 번째 주일

대림절 두 번째 주일에는
4개의 초 중 두 번째 초에
'회개와 평화'의 마음을 담아
불을 켭니다.

【주일 말씀 묵상 - 하나님 말씀에 집중하기】

목사님을 통해 나에게 말씀하시는 하나님의 말씀에 집중해 보세요.

□ 제목 :

□ 본문 :   □ 설교자 :

설교내용	느끼고 깨달은 말씀

결론	그러면 나는 어떻게 살 것인가?
	□ □ □

감사일기

주일

월

화

감사일기

수	목

금	토

26 여섯째 달에 천사 가브리엘이 하나님의 보내심을 받아 갈릴리 나사렛이란 동네에 가서 27 다윗의 자손 요셉일 하는 사람과 약혼한 처녀에게 이르니 그 처녀의 이름은 마리아라 28 그에게 들어가 이르되 은혜를 받은 자여 평안할지어다 주께서 너와 함께 하시도다 하니 29 처녀가 그 말을 듣고 놀라 이런 인사가 어찌함인가 생각하매 30 천사가 이르되 마리아여 무서워하지 말라 네가 하나님께 은혜를 입었느니라 31 보라 네가 잉태하여 아들을 낳으리니 그 이름을 예수라 하라 32 그가 큰 자가 되고 지극히 높으신 이의 아들이라 일컬어질 것이요 주 하나님께서 그 조상 다윗의 왕위를 그에게 주시리니 33 영원히 야곱의 집을 왕으로 다스리실 것이며 그 나라가 무궁하리라 34 마리아가 천사에게 말하되 나는 남자를 알지 못하니 어찌 이 일이 있으리이까 35 천사가 대답하여 이르되 성령이 네게 임하시고 지극히 높으신 이의 능력이 너를 덮으시리니 이러므로 나실 바 거룩한 이는 하나님의 아들이라 일컬어지리라 36 보라 네 친족 엘리사벳도 늙어서 아들을 배었느니라 본래 임신하지 못한다고 알려진 이가 이미 여섯 달이 되었나니 37 대저 하나님의 모든 말씀은 능하지 못하심이 없느니라 38 마리아가 이르되 주의 여종이오니 말씀대로 내게 이루어지이다 하매 천사가 떠나가니라 39 이 때에 마리아가 일어나 빨리 산골로 가서 유대 한 동네에 이르러 40 사가랴의 집에 들어가 엘리사벳에게 문안하니 41 엘리사벳이 마리아가 문안함을 들으매 아이가 복중에서 뛰노는지라 엘리사벳이 성령의 충만함을 받아 42 큰 소리로 불러 이르되 여자 중에 네가 복이 있으며 네 태중의 아이도 복이 있도다 43 내 주의 어머니가 내게 나아오니 이 어찌 된 일인가 44 보라 네 문안하는 소리가 내 귀에 들릴 때에 아이가 내 복중에서 기쁨으로 뛰놀았도다 45 주께서 하신 말씀이 반드시 이루어지리라고 믿은 그 여자에게 복이 있도다

【월요일 말씀 묵상-느낌 그려보기】

말씀을 오감으로 느껴보는 시간입니다. 말씀을 생각하기보다 온몸으로 느껴보세요.

◎ 본문 말씀을 빠르게 읽은 후 답해보세요.
● 본문을 읽으며 느껴지는 감각을 오감으로 표현해 보세요.

시각 /

청각 /

미각 /

후각 /

촉각 /

● 나의 느낌을 따라 본문 말씀의 제목을 지어보세요.

◎ 본문 말씀을 3번 이상 "정독" 후 답해보세요.
● 본문 말씀 내에 등장하는 배역들과 숨겨진 배역들을 생각나는대로 써보세요.

● '마리아'를 생각하면 가장 먼저 떠오르는 것은 무엇인가요?

26 여섯째 달에 천사 가브리엘이 하나님의 보내심을 받아 갈릴리 나사렛이란 동네에 가서 27 다윗의 자손 요셉일 하는 사람과 약혼한 처녀에게 이르니 그 처녀의 이름은 마리아라 28 그에게 들어가 이르되 은혜를 받은 자여 평안할지어다 주께서 너와 함께 하시도다 하니 29 처녀가 그 말을 듣고 놀라 이런 인사가 어찌함인가 생각하매 30 천사가 이르되 마리아여 무서워하지 말라 네가 하나님께 은혜를 입었느니라 31 보라 네가 잉태하여 아들을 낳으리니 그 이름을 예수라 하라 32 그가 큰 자가 되고 지극히 높으신 이의 아들이라 일컬어질 것이요 주 하나님께서 그 조상 다윗의 왕위를 그에게 주시리니 33 영원히 야곱의 집을 왕으로 다스리실 것이며 그 나라가 무궁하리라 34 마리아가 천사에게 말하되 나는 남자를 알지 못하니 어찌 이 일이 있으리이까 35 천사가 대답하여 이르되 성령이 네게 임하시고 지극히 높으신 이의 능력이 너를 덮으시리니 이러므로 나실 바 거룩한 이는 하나님의 아들이라 일컬어지리라 36 보라 네 친족 엘리사벳도 늙어서 아들을 배었느니라 본래 임신하지 못한다고 알려진 이가 이미 여섯 달이 되었나니 37 대저 하나님의 모든 말씀은 능하지 못하심이 없느니라 38 마리아가 이르되 주의 여종이오니 말씀대로 내게 이루어지이다 하매 천사가 떠나가니라 39 이 때에 마리아가 일어나 빨리 산골로 가서 유대 한 동네에 이르러 40 사가랴의 집에 들어가 엘리사벳에게 문안하니 41 엘리사벳이 마리아가 문안함을 들으매 아이가 복중에서 뛰노는지라 엘리사벳이 성령의 충만함을 받아 42 큰 소리로 불러 이르되 여자 중에 네가 복이 있으며 네 태중의 아이도 복이 있도다 43 내 주의 어머니가 내게 나아오니 이 어찌 된 일인가 44 보라 네 문안하는 소리가 내 귀에 들릴 때에 아이가 내 복중에서 기쁨으로 뛰놀았도다 45 주께서 하신 말씀이 반드시 이루어지리라고 믿은 그 여자에게 복이 있도다

【화요일 말씀 묵상-말씀 그대로 보기】

말씀에 내 생각을 보태거나 빼지 말고 말씀을 말씀 그대로 이해해 보세요.
◎ 본문 말씀을 3번 이상 "정독" 후 답해보세요.

1. 천사 가브리엘이 언제, 어디서, 누구에게 찾아갔나요?(26-27절)

2. 가브리엘이 마리아에게 들어가 뭐라고 말했나요? 그리고 그 말을 들은 마리아는 어떤 생각을 했나요?(28-29절)

3. 천사가 마리아에게 뭐라고 했나요?(30절)

4. 31-33절은 가브리엘이 마리아에게 한 말입니다. 예수님과 관련된 단어와 문장에 동그라미 표시와 밑줄을 그어보세요.

5. 31-33절의 가브리엘의 말에 대해서 마리아는 어떻게 반응하나요?(34절)

6. 마리아의 말에 천사는 어떻게 반응하나요? 천사의 말에 밑줄을 그어보세요.(35-37절)

7. 천사의 말에 대해 마리아는 어떻게 반응하나요?(38절)

8. '이 때에' 마리아는 어떻게 하나요?(39-40절)

9. 엘리사벳이 마리아의 문안함을 들을 때 어떤 일이 일어나나요?(41절)

10. 엘리사벳이 성령의 충만함을 받아 큰소리로 불러 이르는 말에 밑줄을 그어보세요.(42-45절)

26 여섯째 달에 천사 가브리엘이 하나님의 보내심을 받아 갈릴리 나사렛이란 동네에 가서 27 다윗의 자손 요셉일 하는 사람과 약혼한 처녀에게 이르니 그 처녀의 이름은 마리아라 28 그에게 들어가 이르되 은혜를 받은 자여 평안할지어다 주께서 너와 함께 하시도다 하니 29 처녀가 그 말을 듣고 놀라 이런 인사가 어찌함인가 생각하매 30 천사가 이르되 마리아여 무서워하지 말라 네가 하나님께 은혜를 입었느니라 31 보라 네가 잉태하여 아들을 낳으리니 그 이름을 예수라 하라 32 그가 큰 자가 되고 지극히 높으신 이의 아들이라 일컬어질 것이요 주 하나님께서 그 조상 다윗의 왕위를 그에게 주시리니 33 영원히 야곱의 집을 왕으로 다스리실 것이며 그 나라가 무궁하리라 34 마리아가 천사에게 말하되 나는 남자를 알지 못하니 어찌 이 일이 있으리이까 35 천사가 대답하여 이르되 성령이 네게 임하시고 지극히 높으신 이의 능력이 너를 덮으시리니 이러므로 나실 바 거룩한 이는 하나님의 아들이라 일컬어지리라 36 보라 네 친족 엘리사벳도 늙어서 아들을 배었느니라 본래 임신하지 못한다고 알려진 이가 이미 여섯 달이 되었나니 37 대저 하나님의 모든 말씀은 능하지 못하심이 없느니라 38 마리아가 이르되 주의 여종이오니 말씀대로 내게 이루어지이다 하매 천사가 떠나가니라 39 이 때에 마리아가 일어나 빨리 산골로 가서 유대 한 동네에 이르러 40 사가랴의 집에 들어가 엘리사벳에게 문안하니 41 엘리사벳이 마리아가 문안함을 들으매 아이가 복중에서 뛰노는지라 엘리사벳이 성령의 충만함을 받아 42 큰 소리로 불러 이르되 여자 중에 네가 복이 있으며 네 태중의 아이도 복이 있도다 43 내 주의 어머니가 내게 나아오니 이 어찌 된 일인가 44 보라 네 문안하는 소리가 내 귀에 들릴 때에 아이가 내 복중에서 기쁨으로 뛰놀았도다 45 주께서 하신 말씀이 반드시 이루어지리라고 믿은 그 여자에게 복이 있도다

【수요일 말씀 묵상-숨겨진 것 찾아 보기】

말씀 속 인물들의 마음을 헤아려 보고, 본문의 앞 뒤 문맥과 상황들을 살펴보세요.
◎ 본문 말씀을 3번 이상 "정독" 후 답해보세요.

1. 가브리엘을 마리아에게 보내는 하나님의 마음은 어떠셨을까요?

2. 가브리엘의 첫 인사를 들은 마리아의 마음은 어땠을까요?

3. 마리아가 30-33절의 가브리엘의 말을 들었을 때 마리아의 마음은 어땠을까요?

4. 마리아가 35-37절의 가브리엘의 말을 들었을 때 마리아의 마음은 어땠을까요?

5. 38절의 마리아의 고백을 들으신 하나님의 마음은 어떠셨을까요?

6. 사가랴의 집으로 향하는 마리아의 마음은 어땠을까요?

7. 마리아의 방문에 복 중에서 뛰노는 것을 느낀 엘리사벳의 마음은 어땠을까요?

8. 42-45절의 엘리사벳의 말을 들은 마리아의 마음은 어땠을까요?

26 여섯째 달에 천사 가브리엘이 하나님의 보내심을 받아 갈릴리 나사렛이란 동네에 가서 27 다윗의 자손 요셉일 하는 사람과 약혼한 처녀에게 이르니 그 처녀의 이름은 마리아라 28 그에게 들어가 이르되 은혜를 받은 자여 평안할지어다 주께서 너와 함께 하시도다 하니 29 처녀가 그 말을 듣고 놀라 이런 인사가 어찌함인가 생각하매 30 천사가 이르되 마리아여 무서워하지 말라 네가 하나님께 은혜를 입었느니라 31 보라 네가 잉태하여 아들을 낳으리니 그 이름을 예수라 하라 32 그가 큰 자가 되고 지극히 높으신 이의 아들이라 일컬어질 것이요 주 하나님께서 그 조상 다윗의 왕위를 그에게 주시리니 33 영원히 야곱의 집을 왕으로 다스리실 것이며 그 나라가 무궁하리라 34 마리아가 천사에게 말하되 나는 남자를 알지 못하니 어찌 이 일이 있으리이까 35 천사가 대답하여 이르되 성령이 네게 임하시고 지극히 높으신 이의 능력이 너를 덮으시리니 이러므로 나실 바 거룩한 이는 하나님의 아들이라 일컬어지리라 36 보라 네 친족 엘리사벳도 늙어서 아들을 배었느니라 본래 임신하지 못한다고 알려진 이가 이미 여섯 달이 되었나니 37 대저 하나님의 모든 말씀은 능하지 못하심이 없느니라 38 마리아가 이르되 주의 여종이오니 말씀대로 내게 이루어지이다 하매 천사가 떠나가니라 39 이 때에 마리아가 일어나 빨리 산골로 가서 유대 한 동네에 이르러 40 사가랴의 집에 들어가 엘리사벳에게 문안하니 41 엘리사벳이 마리아가 문안함을 들으매 아이가 복중에서 뛰노는지라 엘리사벳이 성령의 충만함을 받아 42 큰 소리로 불러 이르되 여자 중에 네가 복이 있으며 네 태중의 아이도 복이 있도다 43 내 주의 어머니가 내게 나아오니 이 어찌 된 일인가 44 보라 네 문안하는 소리가 내 귀에 들릴 때에 아이가 내 복중에서 기쁨으로 뛰놀았도다 45 주께서 하신 말씀이 반드시 이루어지리라고 믿은 그 여자에게 복이 있도다

【목요일 말씀 묵상-더 깊이 들여다 보기】

본문의 내용을 정리하고, 비교하며, 심층적으로 분석하여 충실하게 하나님의 말씀을 묵상해 보세요.

◎ 본문 말씀을 3번 이상 "정독" 후 답해보세요.

1. 하나님께서는 왜 마리아에게 예수님을 잉태하게 하셨을까요?

2. 예수님의 잉태 사실을 왜 천사를 통해 알게하셨을까요?

3. 가브리엘이마리아에게 반복적으로 "은혜를 받은 자여", "은혜를 입었느니라"라고 말하는 이유는 무엇일까요?

4. 아직 태어나지도 않은 예수님의 이름을 알려주신 이유는 무엇일까요?

5. 마리아가 어떻게 38절의 고백을 할 수 있었을까요?

6. 마리아가 38절의 고백 후에 빨리 사가랴의 집으로 간 이유는 무엇일까요?

7. 엘리사벳의 말(42-45절)을 통해 마리아는 무엇을 알 수 있었을까요?

26 여섯째 달에 천사 가브리엘이 하나님의 보내심을 받아 갈릴리 나사렛이란 동네에 가서 27 다윗의 자손 요셉일 하는 사람과 약혼한 처녀에게 이르니 그 처녀의 이름은 마리아라 28 그에게 들어가 이르되 은혜를 받은 자여 평안할지어다 주께서 너와 함께 하시도다 하니 29 처녀가 그 말을 듣고 놀라 이런 인사가 어찌함인가 생각하매 30 천사가 이르되 마리아여 무서워하지 말라 네가 하나님께 은혜를 입었느니라 31 보라 네가 잉태하여 아들을 낳으리니 그 이름을 예수라 하라 32 그가 큰 자가 되고 지극히 높으신 이의 아들이라 일컬어질 것이요 주 하나님께서 그 조상 다윗의 왕위를 그에게 주시리니 33 영원히 야곱의 집을 왕으로 다스리실 것이며 그 나라가 무궁하리라 34 마리아가 천사에게 말하되 나는 남자를 알지 못하니 어찌 이 일이 있으리이까 35 천사가 대답하여 이르되 성령이 네게 임하시고 지극히 높으신 이의 능력이 너를 덮으시리니 이러므로 나실 바 거룩한 이는 하나님의 아들이라 일컬어지리라 36 보라 네 친족 엘리사벳도 늙어서 아들을 배었느니라 본래 임신하지 못한다고 알려진 이가 이미 여섯 달이 되었나니 37 대저 하나님의 모든 말씀은 능하지 못하심이 없느니라 38 마리아가 이르되 주의 여종이오니 말씀대로 내게 이루어지이다 하매 천사가 떠나가니라 39 이 때에 마리아가 일어나 빨리 산골로 가서 유대 한 동네에 이르러 40 사가랴의 집에 들어가 엘리사벳에게 문안하니 41 엘리사벳이 마리아가 문안함을 들으매 아이가 복중에서 뛰노는지라 엘리사벳이 성령의 충만함을 받아 42 큰 소리로 불러 이르되 여자 중에 네가 복이 있으며 네 태중의 아이도 복이 있도다 43 내 주의 어머니가 내게 나아오니 이 어찌 된 일인가 44 보라 네 문안하는 소리가 내 귀에 들릴 때에 아이가 내 복중에서 기쁨으로 뛰놀았도다 45 주께서 하신 말씀이 반드시 이루어지리라고 믿은 그 여자에게 복이 있도다

【금요일 말씀 묵상-말씀에로 삶을 끌어가기】

나의 삶에 하나님의 말씀을 맞추지 말고, 하나님의 말씀에 나의 삶을 맞춰 보세요.

◎ 본문 말씀을 3번 이상 "정독" 후 답해보세요.

1. 마리아가 예수님을 잉태한 것은 하나님의 은혜였습니다. 혹시 나의 삶 속에서 분명히 하나님의 은혜였음에도 불구하고 나의 의를 나타내고 자랑한 적은 없나요?

2. 잉태 전 예수님을 맞이하는 마리의 마음 속에는 오실 예수님에 대한 믿음이 있었고, 오실 것이라는 믿음으로 반응하고 기다렸습니다. 나는 다시 오실 예수님을 어떻게 기다리고 있나요?

3. 마리아가 사가랴의 집으로 달려간 이유는 의심 때문이었을까요? 믿음에 대한 확인 때문일까요? 그 이유는 무엇인가요? 혹시 나는 예수님께서 다시 오실 것이라는 믿음의 고백 속에 의심하고 있나요? 믿음에 대해 확인하고 있나요?

4. 나는 다시 오실 예수님을 어떻게 맞이하고 싶나요? 그러기 위해서 나는 오늘 어떤 삶을 살아야 할까요?

【토요일 말씀 묵상-말씀을 삶을 증명하기】 하나님의 말씀에 나의 삶을 맞춰 보세요.

[참고] 가정에서 드리는 예배 순서 :

사도신경 - 찬송 - 기도(기도자) - 말씀읽기/나눔 - 기도(합심/인도자) - 주기도문

사도신경(개역개정)	찬송가104장 -함께 찬양합니다.(가능한 악기와 함께)
사도신경을 보고 함께 읽으며 나의 신앙을 고백합니다.	
예배를 위한 기도 -인도자/기도자 미리 기도를 준비하세요!	

말씀 -한 절씩 돌아가면서 읽습니다. 그리고 함께 하눕니다.	주기도문(개역개정) -함께 읽으며 기도합니다.
나눔 질문 말씀 속에서 가장 기억에 남는 장면은 무엇인가요? 말씀을 통해 깨닫게 된 것은 무엇인가요? 깨달은 말씀대로 살도록 적용해 보세요. (구체적으로, 실현 가능, 점검 가능) □ □ □	하늘에 계신 우리 아버지, 아버지의 이름을 거룩하게 하시며 아버지의 나라가 오게 하시며, 아버지의 뜻이 하늘에서와 같이 땅에서도 이루어지게 하소서. 오늘 우리에게 일용할 양식을 주시고, 우리가 우리에게 잘못한 사람을 용서하여 준 것 같이, 우리 죄를 용서하여 주시고, 우리를 시험에 빠지지 않게 하시고 악에서 구하소서. 나라와 권능과 영광이 영원히 아버지의 것입니다. 아멘.

대림절 세 번째 주일

대림절 세 번째 주일에는
4개의 초 중 세 번째 초에
'사랑과 나눔'의 마음을 담아
불을 켭니다.

【주일 말씀 묵상 - 하나님 말씀에 집중하기】

목사님을 통해 나에게 말씀하시는 하나님의 말씀에 집중해 보세요.

□ 제목 :

□ 본문 :   □ 설교자 :

설교내용	느끼고 깨달은 말씀

결론	그러면 나는 어떻게 살 것인가?
	□ □ □

감사일기

주일

월	화

감사일기

수	목

금	토

오늘 나에게 주시는 말씀 - 마태복음 1:18-25, 2:1-12

18 예수 그리스도의 나심은 이러하니라 그의 어머니 마리아가 요셉과 약혼하고 동거하기 전에 성령으로 잉태된 것이 나타났더니 19 그의 남편 요셉은 의로운 사람이라 그를 드러내지 아니하고 가만히 끊고자 하여 20 이 일을 생각할 때에 주의 사자가 현몽하여 이르되 다윗의 자손 요셉아 네 아내 마리아 데려오기를 무서워하지 말라 그에게 잉태된 자는 성령으로 된 것이라 21 아들을 낳으리니 이름을 예수라 하라 이는 그가 자기 백성을 그들의 죄에서 구원할 자이심이라 하니라 22 이 모든 일이 된 것은 주께서 선지자로 하신 말씀을 이루려 하심이니 이르시되 23 보라 처녀가 잉태하여 아들을 낳을 것이요 그의 이름은 임마누엘이라 하리라 하셨으니 이를 번역한즉 하나님이 우리와 함께 계시다 함이라 24 요셉이 잠에서 깨어 일어나 주의 사자의 분부대로 행하여 그의 아내를 데려왔으나 25 아들을 낳기까지 동침하지 아니하더니 낳으매 이름을 예수라 하니라
2:1 헤롯 왕 때에 예수께서 유대 베들레헴에서 나시매 동방으로부터 박사들이 예루살렘에 이르러 말하되 2 유대인의 왕으로 나신 이가 어디 계시냐 우리가 동방에서 그의 별을 보고 그에게 경배하러 왔노라 하니 3 헤롯 왕과 온 예루살렘이 듣고 소동한지라 4 왕이 모든 대제사장과 백성의 서기관들을 모아 그리스도가 어디서 나겠느냐 물으니 5 이르되 유대 베들레헴이오니 이는 선지자로 이렇게 기록된 바 6 또 유대 땅 베들레헴아 너는 유대 고을 중에서 가장 작지 아니하도다 네게서 한 다스리는 자가 나와서 내 백성 이스라엘의 목자가 되리라 하였음이니이다 7 이에 헤롯이 가만히 박사들을 불러 별이 나타난 때를 자세히 묻고 8 베들레헴으로 보내며 이르되 가서 아기에 대하여 자세히 알아보고 찾거든 내게 고하여 나도 가서 그에게 경배하게 하라 9 박사들이 왕의 말을 듣고 갈새 동방에서 보던 그 별이 문득 앞서 인도하여 가다가 아기 있는 곳 위에 머물러 서 있는지라 10 그들이 별을 보고 매우 크게 기뻐하고 기뻐하더라 11 집에 들어가 아기와 그의 어머니 마리아가 함께 있는 것을 보고 엎드려 아기께 경배하고 보배합을 열어 황금과 유향과 몰약을 예물로 드리니라 12 그들은 꿈에 헤롯에게로 돌아가지 말라 지시하심을 받아 다른 길로 고국에 돌아가니라

【월요일 말씀 묵상-느낌 그려보기】

말씀을 오감으로 느껴보는 시간입니다. 말씀을 생각하기보다 온몸으로 느껴보세요.

◎ 본문 말씀을 빠르게 읽은 후 답해보세요.
● 본문을 읽으며 느껴지는 감각을 오감으로 표현해 보세요.

시각 /

청각 /

미각 /

후각 /

촉각 /

● 나의 느낌을 따라 본문 말씀의 제목을 지어보세요.

◎ 본문 말씀을 3번 이상 "정독" 후 답해보세요.
● 본문 말씀 내에 등장하는 배역들과 숨겨진 배역들을 생각나는대로 써보세요.

● '동방박사'를 생각하면 가장 먼저 떠오르는 것은 무엇인가요?

18 예수 그리스도의 나심은 이러하니라 그의 어머니 마리아가 요셉과 약혼하고 동거하기 전에 성령으로 잉태된 것이 나타났더니 19 그의 남편 요셉은 의로운 사람이라 그를 드러내지 아니하고 가만히 끊고자 하여 20 이 일을 생각할 때에 주의 사자가 현몽하여 이르되 다윗의 자손 요셉아 네 아내 마리아 데려오기를 무서워하지 말라 그에게 잉태된 자는 성령으로 된 것이라 21 아들을 낳으리니 이름을 예수라 하라 이는 그가 자기 백성을 그들의 죄에서 구원할 자이심이라 하니라 22 이 모든 일이 된 것은 주께서 선지자로 하신 말씀을 이루려 하심이니 이르시되 23 보라 처녀가 잉태하여 아들을 낳을 것이요 그의 이름은 임마누엘이라 하리라 하셨으니 이를 번역한즉 하나님이 우리와 함께 계시다 함이라 24 요셉이 잠에서 깨어 일어나 주의 사자의 분부대로 행하여 그의 아내를 데려왔으나 25 아들을 낳기까지 동침하지 아니하더니 낳으매 이름을 예수라 하니라

2:1 헤롯 왕 때에 예수께서 유대 베들레헴에서 나시매 동방으로부터 박사들이 예루살렘에 이르러 말하되 2 유대인의 왕으로 나신 이가 어디 계시냐 우리가 동방에서 그의 별을 보고 그에게 경배하러 왔노라 하니 3 헤롯 왕과 온 예루살렘이 듣고 소동한지라 4 왕이 모든 대제사장과 백성의 서기관들을 모아 그리스도가 어디서 나겠느냐 물으니 5 이르되 유대 베들레헴이오니 이는 선지자로 이렇게 기록된 바 6 또 유대 땅 베들레헴아 너는 유대 고을 중에서 가장 작지 아니하도다 네게서 한 다스리는 자가 나와서 내 백성 이스라엘의 목자가 되리라 하였음이니이다 7 이에 헤롯이 가만히 박사들을 불러 별이 나타난 때를 자세히 묻고 8 베들레헴으로 보내며 이르되 가서 아기에 대하여 자세히 알아보고 찾거든 내게 고하여 나도 가서 그에게 경배하게 하라 9 박사들이 왕의 말을 듣고 갈새 동방에서 보던 그 별이 문득 앞서 인도하여 가다가 아기 있는 곳 위에 머물러 서 있는지라 10 그들이 별을 보고 매우 크게 기뻐하고 기뻐하더라 11 집에 들어가 아기와 그의 어머니 마리아가 함께 있는 것을 보고 엎드려 아기께 경배하고 보배합을 열어 황금과 유향과 몰약을 예물로 드리니라 12 그들은 꿈에 헤롯에게로 돌아가지 말라 지시하심을 받아 다른 길로 고국에 돌아가니라

【화요일 말씀 묵상-말씀 그대로 보기】

말씀에 내 생각을 보태거나 빼지 말고 말씀을 말씀 그대로 이해해 보세요.

◎ 본문 말씀을 3번 이상 "정독" 후 답해보세요.

1. 예수님의 어머니 마리아가 요셉과 약혼하고 동거하기 전에 성령으로 잉태된 것이 나타났을 때 남편 요셉은 어떻게 행동했나요? 그리고 요셉이 그렇게 행동한 이유는 무엇인가요?(19절)

2. 주의 사자가 현몽하여 요셉에게 이르는 말에 밑줄을 그어보세요.(20-23절) 이 모든 일이 된 것은 무엇 때문이라고 말하나요?(22절)

3. 요셉이 잠에서 깨어 일어나 어떻게 하나요?(24-25절)

4. 예수님께서는 언제 어디서 태어나셨나요?(2:1)

5. 동방으로부터 박사들이 예루살렘으로 온 이유는 무엇인가요? 그리고 어떻게 오게 되었나요?(2절)

6. 왕이 모든 대제사장과 백성의 서기관들을 모아 그리스도가 어디서 나겠느냐 물었을 때 어디라고 대답하나요?(5절) 그리고 그 이유는 무엇인가요?(6절)

7. 헤롯이 박사들을 불러 베들레헴으로 보내며 뭐라고 하나요?(8절)

8. 동방박사들이 별을 보고 매우 크게 기뻐하고 기뻐한 이유는 무엇인가요?(9절)

9. 동방박사들이 예수님께서 계신 집에 들어가 무엇을 했나요?(11절)

18 예수 그리스도의 나심은 이러하니라 그의 어머니 마리아가 요셉과 약혼하고 동거하기 전에 성령으로 잉태된 것이 나타났더니 19 그의 남편 요셉은 의로운 사람이라 그를 드러내지 아니하고 가만히 끊고자 하여 20 이 일을 생각할 때에 주의 사자가 현몽하여 이르되 다윗의 자손 요셉아 네 아내 마리아 데려오기를 무서워하지 말라 그에게 잉태된 자는 성령으로 된 것이라 21 아들을 낳으리니 이름을 예수라 하라 이는 그가 자기 백성을 그들의 죄에서 구원할 자이심이라 하니라 22 이 모든 일이 된 것은 주께서 선지자로 하신 말씀을 이루려 하심이니 이르시되23 보라 처녀가 잉태하여 아들을 낳을 것이요 그의 이름은 임마누엘이라 하리라 하셨으니 이를 번역한즉 하나님이 우리와 함께 계시다 함이라 24 요셉이 잠에서 깨어 일어나 주의 사자의 분부대로 행하여 그의 아내를 데려왔으나 25 아들을 낳기까지 동침하지 아니하더니 낳으매 이름을 예수라 하니라

2:1 헤롯 왕 때에 예수께서 유대 베들레헴에서 나시매 동방으로부터 박사들이 예루살렘에 이르러 말하되 2 유대인의 왕으로 나신 이가 어디 계시냐 우리가 동방에서 그의 별을 보고 그에게 경배하러 왔노라 하니 3 헤롯 왕과 온 예루살렘이 듣고 소동한지라 4 왕이 모든 대제사장과 백성의 서기관들을 모아 그리스도가 어디서 나겠느냐 물으니 5 이르되 유대 베들레헴이오니 이는 선지자로 이렇게 기록된 바 6 또 유대 땅 베들레헴아 너는 유대 고을 중에서 가장 작지 아니하도다 네게서 한 다스리는 자가 나와서 내 백성 이스라엘의 목자가 되리라 하였음이니이다 7 이에 헤롯이 가만히 박사들을 불러 별이 나타난 때를 자세히 묻고 8 베들레헴으로 보내며 이르되 가서 아기에 대하여 자세히 알아보고 찾거든 내게 고하여 나도 가서 그에게 경배하게 하라 9 박사들이 왕의 말을 듣고 갈새 동방에서 보던 그 별이 문득 앞서 인도하여 가다가 아기 있는 곳 위에 머물러 서 있는지라 10 그들이 별을 보고 매우 크게 기뻐하고 기뻐하더라 11 집에 들어가 아기와 그의 어머니 마리아가 함께 있는 것을 보고 엎드려 아기께 경배하고 보배합을 열어 황금과 유향과 몰약을 예물로 드리니라 12 그들은 꿈에 헤롯에게로 돌아가지 말라 지시하심을 받아 다른 길로 고국에 돌아가니라

【수요일 말씀 묵상-숨겨진 것 찾아 보기】

말씀 속 인물들의 마음을 헤아려 보고, 본문의 앞 뒤 문맥과 상황들을 살펴보세요.

◎ 본문 말씀을 3번 이상 "정독" 후 답해보세요.

1. 마리아가 성령으로 잉태된 것이 나타났을 때 남편 요셉의 마음은 어땠을까요?

2. 주의 사자의 말을 들은 요셉의 마음은 어땠을까요?

3. 24-25절의 요셉을 행동을 바라보는 마리아의 마음은 어땠을까요?

4. 24-25절의 요셉의 행동을 바라보시는 하나님의 마음은 어떠셨을까요?

5. 예수님을 경배하기 위해 떠나는 동방박사들의 마음은 어땠을까요?

6. 2:2의 동방박사들의 말을 들은 헤롯 왕의 마음은 어땠을까요?

7. 예수님께서 탄생하실 곳을 찾아낸 대제사장과 서기관들, 그리고 헤롯 왕의 마음은 어땠을까요?

8. 동방박사들이 예수님을 만나 경배할 때 동방박사들과 마리아의 마음은 어떤 마음이었을까요?

9. 동방박사들이 예수님께 경배하는 모습을 보시는 하나님의 마음은 어떠셨을까요?

오늘 나에게 주시는 말씀 – 마태복음 1:18-25, 2:1-12

18 예수 그리스도의 나심은 이러하니라 그의 어머니 마리아가 요셉과 약혼하고 동거하기 전에 성령으로 잉태된 것이 나타났더니 19 그의 남편 요셉은 의로운 사람이라 그를 드러내지 아니하고 가만히 끊고자 하여 20 이 일을 생각할 때에 주의 사자가 현몽하여 이르되 다윗의 자손 요셉아 네 아내 마리아 데려오기를 무서워하지 말라 그에게 잉태된 자는 성령으로 된 것이라 21 아들을 낳으리니 이름을 예수라 하라 이는 그가 자기 백성을 그들의 죄에서 구원할 자이심이라 하니라 22 이 모든 일이 된 것은 주께서 선지자로 하신 말씀을 이루려 하심이니 이르시되 23 보라 처녀가 잉태하여 아들을 낳을 것이요 그의 이름은 임마누엘이라 하리라 하셨으니 이를 번역한즉 하나님이 우리와 함께 계시다 함이라 24 요셉이 잠에서 깨어 일어나 주의 사자의 분부대로 행하여 그의 아내를 데려왔으나 25 아들을 낳기까지 동침하지 아니하더니 낳으매 이름을 예수라 하니라

2:1 헤롯 왕 때에 예수께서 유대 베들레헴에서 나시매 동방으로부터 박사들이 예루살렘에 이르러 말하되 2 유대인의 왕으로 나신 이가 어디 계시냐 우리가 동방에서 그의 별을 보고 그에게 경배하러 왔노라 하니 3 헤롯 왕과 온 예루살렘이 듣고 소동한지라 4 왕이 모든 대제사장과 백성의 서기관들을 모아 그리스도가 어디서 나겠느냐 물으니 5 이르되 유대 베들레헴이오니 이는 선지자로 이렇게 기록된 바 6 또 유대 땅 베들레헴아 너는 유대 고을 중에서 가장 작지 아니하도다 네게서 한 다스리는 자가 나와서 내 백성 이스라엘의 목자가 되리라 하였음이니이다 7 이에 헤롯이 가만히 박사들을 불러 별이 나타난 때를 자세히 묻고 8 베들레헴으로 보내며 이르되 가서 아기에 대하여 자세히 알아보고 찾거든 내게 고하여 나도 가서 그에게 경배하게 하라 9 박사들이 왕의 말을 듣고 갈새 동방에서 보던 그 별이 문득 앞서 인도하여 가다가 아기 있는 곳 위에 머물러 서 있는지라 10 그들이 별을 보고 매우 크게 기뻐하고 기뻐하더라 11 집에 들어가 아기와 그의 어머니 마리아가 함께 있는 것을 보고 엎드려 아기께 경배하고 보배합을 열어 황금과 유향과 몰약을 예물로 드리니라 12 그들은 꿈에 헤롯에게로 돌아가지 말라 지시하심을 받아 다른 길로 고국에 돌아가니라

【목요일 말씀 묵상-더 깊이 들여다 보기】

본문의 내용을 정리하고, 비교하며, 심층적으로 분석하여 충실하게 하나님의 말씀을 묵상해 보세요.

◎ 본문 말씀을 3번 이상 "정독" 후 답해보세요.

1. 하나님께서는 마리아가 성령으로 잉태한 사실을 왜 요셉에게 알게 하셨을까요?

2. 말씀 속에서 요셉이 마리아의 잉태 사실을 알았을 때 드러내지 아니하고 가만히 끊고자 한 요셉에 대해 의로운 사람이라고 합니다. 왜 그렇게 평가한 것일까요?

3. 예수님께서 아직 처녀인 마리아에게 성령으로 잉태된 것은 어디에 근거하고 있나요?

4. 요셉은 아직 마리아의 태 중에 잉태된 오실 예수님을 어떻게 기다리나요?

5. 동방박사들은 예수님의 탄생에 대해서 어떻게 알았을까요? 그리고 이 박사들은 어떤 분야의 박사들이었을까요?

6. 이미 헤롯이 왕으로 있는데 왜 동방박사들은 예루살렘에서 유대인의 왕을 찾았을까요?

7. 예수님께서 베들레헴에서 나실 것이라는 사실을 알았을 때 헤롯 왕과 동방박사들은 각각 어떻게 반응하나요? 그리고 그렇게 반응한 이유는 무엇일까요?

8. 동방박사들은 궁궐이 아닌 마구간에서 유대인의 왕으로 오신 예수님께 경배합니다. 왕으로 오신 예수님을 경배할 때 어떤 것들을 예물로 드리나요?

18 예수 그리스도의 나심은 이러하니라 그의 어머니 마리아가 요셉과 약혼하고 동거하기 전에 성령으로 잉태된 것이 나타났더니 19 그의 남편 요셉은 의로운 사람이라 그를 드러내지 아니하고 가만히 끊고자 하여 20 이 일을 생각할 때에 주의 사자가 현몽하여 이르되 다윗의 자손 요셉아 네 아내 마리아 데려오기를 무서워하지 말라 그에게 잉태된 자는 성령으로 된 것이라 21 아들을 낳으리니 이름을 예수라 하라 이는 그가 자기 백성을 그들의 죄에서 구원할 자이심이라 하니라 22 이 모든 일이 된 것은 주께서 선지자로 하신 말씀을 이루려 하심이니 이르시되23 보라 처녀가 잉태하여 아들을 낳을 것이요 그의 이름은 임마누엘이라 하리라 하셨으니 이를 번역한즉 하나님이 우리와 함께 계시다 함이라 24 요셉이 잠에서 깨어 일어나 주의 사자의 분부대로 행하여 그의 아내를 데려왔으나 25 아들을 낳기까지 동침하지 아니하더니 낳으매 이름을 예수라 하니라

2:1 헤롯 왕 때에 예수께서 유대 베들레헴에서 나시매 동방으로부터 박사들이 예루살렘에 이르러 말하되 2 유대인의 왕으로 나신 이가 어디 계시냐 우리가 동방에서 그의 별을 보고 그에게 경배하러 왔노라 하니 3 헤롯 왕과 온 예루살렘이 듣고 소동한지라 4 왕이 모든 대제사장과 백성의 서기관들을 모아 그리스도가 어디서 나겠느냐 물으니 5 이르되 유대 베들레헴이오니 이는 선지자로 이렇게 기록된 바 6 또 유대 땅 베들레헴아 너는 유대 고을 중에서 가장 작지 아니하도다 네게서 한 다스리는 자가 나와서 내 백성 이스라엘의 목자가 되리라 하였음이니이다 7 이에 헤롯이 가만히 박사들을 불러 별이 나타난 때를 자세히 묻고 8 베들레헴으로 보내며 이르되 가서 아기에 대하여 자세히 알아보고 찾거든 내게 고하여 나도 가서 그에게 경배하게 하라 9 박사들이 왕의 말을 듣고 갈새 동방에서 보던 그 별이 문득 앞서 인도하여 가다가 아기 있는 곳 위에 머물러 서 있는지라 10 그들이 별을 보고 매우 크게 기뻐하고 기뻐하더라 11 집에 들어가 아기와 그의 어머니 마리아가 함께 있는 것을 보고 엎드려 아기께 경배하고 보배합을 열어 황금과 유향과 몰약을 예물로 드리니라 12 그들은 꿈에 헤롯에게로 돌아가지 말라 지시하심을 받아 다른 길로 고국에 돌아가니라

【금요일 말씀 묵상-말씀에로 삶을 끌어가기】

나의 삶에 하나님의 말씀을 맞추지 말고, 하나님의 말씀에 나의 삶을 맞춰 보세요.
◎ 본문 말씀을 3번 이상 "정독" 후 답해보세요.

1. 예수님께서 성령으로 잉태된 사실을 알았을 때 요셉은 하나님의 뜻을 따라 아내 마리아를 데려왔고 예수님께서 태어나시기까지 동침하지 않음으로, 아내인 마리아와 동침하는 것을 포기하며 예수님을 기다립니다. 다시 오실 예수님을 기다리면서 내가 포기해야 할 것은 무엇인가요?

2. 하나님의 말씀을 잘 알고있는 대제사장과 서기관들도 동방박사들의 방문 전에는 유대인의 왕으로, 메시야로 오실 예수님의 탄생에 대해서 관심조차 가지지 않았습니다. 하나님의 말씀을 안다는 것은 하나님의 말씀을 지식으로 알 뿐만 아니라 동방박사들처럼 그 말씀을 믿고 행하는 것을 말합니다. 나는 다시 오실 예수님을 믿고 있나요? 그렇다면 어떻게 기다릴 건가요?

3. 동방박사들은 유대인의 왕으로 나신 이를 만나기 위해서 예루살렘을 찾았지만 작은 마을 베들레헴, 그것도 궁궐이 아닌 마구간에서 유대인의 왕으로 나신 예수님께 경배하며 빈손이 아닌 정성껏 준비한 보배합을 열어 황금과 유향과 몰약을 예물로 드립니다. 내가 동방박사였다면 어떤 예물을 준비했을까요? 그 이유는 무엇일까요? 그리고 다시 오실 예수님께 무엇을 드리고 싶나요?

【토요일 말씀 묵상-말씀을 삶을 증명하기】 하나님의 말씀에 나의 삶을 맞춰 보세요.

[참고] 가정에서 드리는 예배 순서 :

사도신경 - 찬송 - 기도(기도자) - 말씀읽기/나눔 - 기도(합심/인도자) - 주기도문

사도신경(개역개정)	찬송가116장 -함께 찬양합니다.(가능한 악기와 함께)
사도신경을 보고 함께 읽으며 나의 신앙을 고백합니다.	
예배를 위한 기도 -인도자/기도자 미리 기도를 준비하세요!	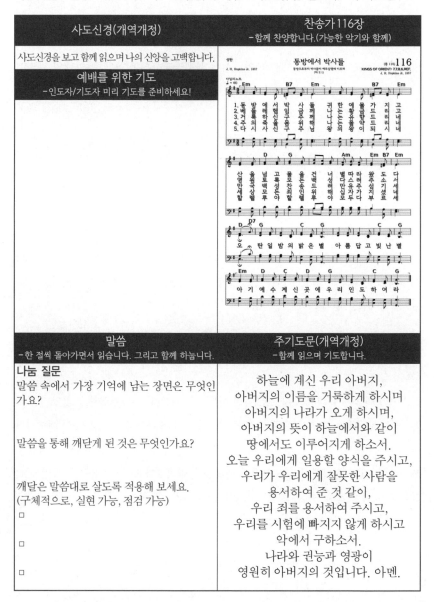

말씀 -한 절씩 돌아가면서 읽습니다. 그리고 함께 하늡니다.	주기도문(개역개정) -함께 읽으며 기도합니다.
나눔 질문 말씀 속에서 가장 기억에 남는 장면은 무엇인가요? 말씀을 통해 깨닫게 된 것은 무엇인가요? 깨달은 말씀대로 살도록 적용해 보세요. (구체적으로, 실현 가능, 점검 가능) □ □ □	하늘에 계신 우리 아버지, 아버지의 이름을 거룩하게 하시며 아버지의 나라가 오게 하시며, 아버지의 뜻이 하늘에서와 같이 땅에서도 이루어지게 하소서. 오늘 우리에게 일용할 양식을 주시고, 우리가 우리에게 잘못한 사람을 용서하여 준 것 같이, 우리 죄를 용서하여 주시고, 우리를 시험에 빠지지 않게 하시고 악에서 구하소서. 나라와 권능과 영광이 영원히 아버지의 것입니다. 아멘.

대림절 네 번째 주일

대림절 네 번째 주일에는
4개의 초 중 네 번째 초에
'만남과 화해'의 마음을 담아
불을 켭니다.

【주일 말씀 묵상 - 하나님 말씀에 집중하기】

목사님을 통해 나에게 말씀하시는 하나님의 말씀에 집중해 보세요.

▢ 제목 :

▢ 본문 :　　　　　　　　　　　　　　　▢ 설교자 :

설교내용	느끼고 깨달은 말씀

결론	그러면 나는 어떻게 살 것인가?
	▢ ▢ ▢

감사일기

주일

월

화

감사일기

수	목

금	토

1 그 때에 가이사 아구스도가 영을 내려 천하로 다 호적하라 하였으니 2 이 호적은 구레뇨가 수리아 총독이 되었을 때에 처음 한 것이라 3 모든 사람이 호적하러 각가 고향으로 돌아가매 4 요셉도 다윗의 집 족속이므로 갈릴리 나사렛 동네에서 유대를 향하여 베들레헴이라 하는 다윗의 동네로 5 그 약혼한 마리아와 함께 호적하러 올라가니 마리아가 이미 잉태하였더라 6 거기 있을 그 때에 해산할 날이 차서 7 첫 아들을 낳아 강보로 싸서 구유에 뉘었으니 이는 여관에 있을 곳이 없음이러라 8 그 지역에 목자들이 밤에 밖에서 자기 양 떼를 지키더니 9 주의 사자가 곁에 서고 주의 영광이 그들을 두루 비추매 크게 무서워하는지라 10 천사가 이르되 무서워하지 말라 보라 내가 온 백성에게 미칠 큰 기쁨의 좋은 소식을 너희에게 전하노라 11 오늘 다윗의 동네에 너희를 위하여 구주가 나셨으니 곧 그리스도 주시니라 12 너희가 가서 강보에 싸여 구유에 뉘어 있는 아기를 보리니 이것이 너희에게 표적이니라 하더니 13 홀연히 수많은 천군이 그 천사들과 함께 하나님을 찬송하여 이르되 14 지극히 높은 곳에서는 하나님께 영광이요 땅에서는 하나님이 기뻐하신 사람들 중에 평화로다 하니라 15 천사들이 떠나 하늘로 올라가니 목자가 서로 말하되 이제 베들레헴으로 가서 주께서 우리에게 알리신 바 이 이루어진 일을 보자 하고 16 빨리 가서 마리아와 요셉과 구유에 누인 아기를 찾아서 17 보고 천사가 자기들에게 이 아기에 대하여 말한 것을 전하니 18 듣는 자가 다 목자들이 그들에게 말한 것들을 놀랍게 여기되 19 마리아는 이 모든 말을 마음에 새기어 생각하니라 20 목자들은 자기들에게 이르던 바와 같이 듣고 본 그 모든 것으로 인하여 하나님께 영광을 돌리고 찬송하며 돌아가니라

【월요일 말씀 묵상-느낌 그려보기】

말씀을 오감으로 느껴보는 시간입니다. 말씀을 생각하기보다 온몸으로 느껴보세요.

◎ 본문 말씀을 빠르게 읽은 후 답해보세요.
● 본문을 읽고 그림으로 표현해 보세요.

● 나의 느낌을 따라 본문 말씀의 제목을 지어보세요.

◎ 본문 말씀을 3번 이상 "정독" 후 답해보세요.
● 본문 말씀 내에 등장하는 배역들과 숨겨진 배역들을 생각나는대로 써보세요.

● '성탄절(크리스마스)'을 생각하면 무엇이 가장 먼저 떠오르나요?

1 그 때에 가이사 아구스도가 영을 내려 천하로 다 호적하라 하였으니 2 이 호적은 구레뇨가 수리아 총독이 되었을 때에 처음 한 것이라 3 모든 사람이 호적하러 각가 고향으로 돌아가매 4 요셉도 다윗의 집 족속이므로 갈릴리 나사렛 동네에서 유대를 향하여 베들레헴이라 하는 다윗의 동네로 5 그 약혼한 마리아와 함께 호적하러 올라가니 마리아가 이미 잉태하였더라 6 거기 있을 그 때에 해산할 날이 차서 7 첫 아들을 낳아 강보로 싸서 구유에 뉘었으니 이는 여관에 있을 곳이 없음이러라 8 그 지역에 독자들이 밤에 밖에서 자기 양 떼를 지키더니 9 주의 사자가 곁에 서고 주의 영광이 그들을 두루 비추매 크게 무서워하는지라 10 천사가 이르되 무서워하지 말라 보라 내가 온 백성에게 미칠 큰 기쁨의 좋은 소식을 너희에게 전하노라 11 오늘 다윗의 동네에 너희를 위하여 구주가 나셨으니 곧 그리스도 주시니라 12 너희가 가서 강보에 싸여 구유에 뉘어 있는 아기를 보리니 이것이 너희에게 표적이니라 하더니 13 홀연히 수많은 천군이 그 천사들과 함께 하나님을 찬송하여 이르되 14 지극히 높은 곳에서는 하나님께 영광이요 땅에서는 하나님이 기뻐하신 사람들 중에 평화로다 하니라 15 천사들이 떠나 하늘로 올라가니 목자가 서로 말하되 이제 베들레헴으로 가서 주께서 우리에게 알리신 바 이 이루어진 일을 보자 하고 16 빨리 가서 마리아와 요셉과 구유에 누인 아기를 찾아서 17 보고 천사가 자기들에게 이 아기에 대하여 말한 것을 전하니 18 듣는 자가 다 목자들이 그들에게 말한 것들을 놀랍게 여기되 19 마리아는 이 모든 말을 마음에 새기어 생각하니라 20 목자들은 자기들에게 이르던 바와 같이 듣고 본 그 모든 것으로 인하여 하나님께 영광을 돌리고 찬송하며 돌아가니라

【화요일 말씀 묵상-말씀 그대로 보기】

말씀에 내 생각을 보태거나 빼지 말고 말씀을 말씀 그대로 이해해 보세요.

◎ 본문 말씀을 3번 이상 "정독" 후 답해보세요.

1. 그 때에 가이사 아구스도가 영을 내려 하도록 한 것은 무엇인가요?(1절)

2. 요셉은 어느 족속으로 어디에서 어디로 누구와 함께 호적하러 올라가나요?(4-5절)

3. 호적하러 올라갈 때에 마리아는 어떤 상태였나요?(5절)

4. 마리아가 해산할 날이 차서 첫아들을 낳아서 어디에 뉘었나요? 왜 거기에 뉘었나요?(7절)

5. 그밤에 밖에서 자기 양떼를 지키고 있는 목자들에게 주의 영광이 비출 때에 목자들은 크게 무서워합니다. 그렇게 무서워하는 목자들에게 천사는 다음과 같이 말하고 하나님을 찬송합니다. 빈칸을 채워보세요.(10-14절)

"(   )하지 말라. 보라. 내가 온 백성에게 미칠 (   )을 너희에게 전하노라. 오늘 (   )에 너희를 위하여 (   )가 나셨으니 곧 (   ). 너희가 가서 (   )에 싸여 (   )에 뉘어 있는 (   )를 보리니 이것이 너희에게 (   )이니라…지극히 (   )에서는 (   )이요. (   )에서는 (   ) 중에 (   )로다."

6. 천사들이 떠나 하늘로 올라갔을 때 목자들이 한 말은 무엇이고 목자들은 어떻게 반응하나요?(15-17절)

7. 목자들은 천사가 자기들에게 이 아기에 대하여 말한 것을 전합니다. 그 때 그 말을 듣는 사람들은 어떻게 반응하나요? 특히 마리아는 어떻게 반응하나요?(18-19절)

8. 목자들은 자기들에게 이르던 바와 같이 듣고 본 그 모든 것으로 인하여 어떻게 하나요?(20절)

1 그 때에 가이사 아구스도가 영을 내려 천하로 다 호적하라 하였으니 2 이 호적은 구레뇨가 수리아 총독이 되었을 때에 처음 한 것이라 3 모든 사람이 호적하러 각각 고향으로 돌아가매 4 요셉도 다윗의 집 족속이므로 갈릴리 나사렛 동네에서 유대를 향하여 베들레헴이라 하는 다윗의 동네로 5 그 약혼한 마리아와 함께 호적하러 올라가니 마리아가 이미 잉태하였더라 6 거기 있을 그 때에 해산할 날이 차서 7 첫 아들을 낳아 강보로 싸서 구유에 뉘었으니 이는 여관에 있을 곳이 없음이러라 8 그 지역에 목자들이 밤에 밖에서 자기 양 떼를 지키더니 9 주의 사자가 곁에 서고 주의 영광이 그들을 두루 비추매 크게 무서워하는지라 10 천사가 이르되 무서워하지 말라 보라 내가 온 백성에게 미칠 큰 기쁨의 좋은 소식을 너희에게 전하노라 11 오늘 다윗의 동네에 너희를 위하여 구주가 나셨으니 곧 그리스도 주시니라 12 너희가 가서 강보에 싸여 구유에 뉘어 있는 아기를 보리니 이것이 너희에게 표적이니라 하더니 13 홀연히 수많은 천군이 그 천사들과 함께 하나님을 찬송하여 이르되 14 지극히 높은 곳에서는 하나님께 영광이요 땅에서는 하나님이 기뻐하신 사람들 중에 평화로다 하니라 15 천사들이 떠나 하늘로 올라가니 목자가 서로 말하되 이제 베들레헴으로 가서 주께서 우리에게 알리신 바 이 이루어진 일을 보자 하고 16 빨리 가서 마리아와 요셉과 구유에 누인 아기를 찾아서 17 보고 천사가 자기들에게 이 아기에 대하여 말한 것을 전하니 18 듣는 자가 다 목자들이 그들에게 말한 것들을 놀랍게 여기되 19 마리아는 이 모든 말을 마음에 새기어 생각하니라 20 목자들은 자기들에게 이르던 바와 같이 듣고 본 그 모든 것으로 인하여 하나님께 영광을 돌리고 찬송하며 돌아가니라

【수요일 말씀 묵상-숨겨진 것 찾아 보기】

말씀 속 인물들의 마음을 헤아려 보고, 본문의 앞 뒤 문맥과 상황들을 살펴보세요.

◎ 본문 말씀을 3번 이상 "정독" 후 답해보세요.

1. 호적을 하기 위해 베들레헴으로 향하는 요셉과 마리아의 마음은 어땠을까요?

2. 여관이 없어 어쩔 수 없이 마구간에서 예수님을 낳아 강보로 싸서 구유에 뉘는 마리아와 요셉의 마음은 어땠을까요?

3. 이 모습을 바라보시는 하나님의 마음은 어떠셨을까요?

4. 천사가 예수님의 탄생 소식을 전하며 수많은 천군이 천사와 함께 하나님을 찬송하는 모습을 보고 들은 목자들의 마음은 어땠을까요?

5. 천사들이 떠나고 베들레헴으로 향하는 목자들의 마음은 어땠을까요?

6. 그렇게 예수님께로 향하는 목자들을 바라보시는 하나님의 마음은 어떠셨을까요?

7. 천사가 전해 준 예수님 탄생소식을 전하는 목자들과 그 소식을 전해듣는 사람들의 마음은 어땠을까요?

8. 천사가 자기들에게 이르던 바와 같이 듣고 본 그 모든 것으로 인하여 하나님께 영광을 돌리고 찬송하며 돌아가는 목자들의 마음은 어땠을까요?

9. 하나님께 영광을 돌리고 찬송하며 돌아가는 목자들을 바라보시는 하나님의 마음은 어떠셨을까요?

1 그 때에 가이사 아구스도가 영을 내려 천하로 다 호적하라 하였으니 2 이 호적은 구레뇨가 수리아 총독이 되었을 때에 처음 한 것이라 3 모든 사람이 호적하러 각가 고향으로 돌아가매 4 요셉도 다윗의 집 족속이므로 갈릴리 나사렛 동네에서 유대를 향하여 베들레헴이라 하는 다윗의 동네로 5 그 약혼한 마리아와 함께 호적하러 올라가니 마리아가 이미 잉태하였더라 6 거기 있을 그 때에 해산할 날이 차서 7 첫 아들을 낳아 강보로 싸서 구유에 뉘었으니 이는 여관에 있을 곳이 없음이러라 8 그 지역에 독자들이 밤에 밖에서 자기 양 떼를 지키더니 9 주의 사자가 곁에 서고 주의 영광이 그들을 두루 비추매 크게 무서워하는지라 10 천사가 이르되 무서워하지 말라 보라 내가 온 백성에게 미칠 큰 기쁨의 좋은 소식을 너희에게 전하노라 11 오늘 다윗의 동네에 너희를 위하여 구주가 나셨으니 곧 그리스도 주시니라 12 너희가 가서 강보에 싸여 구유에 뉘어 있는 아기를 보리니 이것이 너희에게 표적이니라 하더니 13 홀연히 수많은 천군이 그 천사들과 함께 하나님을 찬송하여 이르되 14 지극히 높은 곳에서는 하나님께 영광이요 땅에서는 하나님이 기뻐하신 사람들 중에 평화로다 하니라 15 천사들이 떠나 하늘로 올라가니 목자가 서로 말하되 이제 베들레헴으로 가서 주께서 우리에게 알리신 바 이 이루어진 일을 보자 하고 16 빨리 가서 마리아와 요셉과 구유에 누인 아기를 찾아서 17 보고 천사가 자기들에게 이 아기에 대하여 말한 것을 전하니 18 듣는 자가 다 목자들이 그들에게 말한 것들을 놀랍게 여기되 19 마리아는 이 모든 말을 마음에 새기어 생각하니라 20 목자들은 자기들에게 이르던 바와 같이 듣고 본 그 모든 것으로 인하여 하나님께 영광을 돌리고 찬송하며 돌아가니라

【목요일 말씀 묵상-더 깊이 들여다 보기】

본문의 내용을 정리하고, 비교하며, 심층적으로 분석하여 충실하게 하나님의 말씀을 묵상해 보세요.

◎ 본문 말씀을 3번 이상 "정독" 후 답해보세요.

1-2절 말씀에 굳이 가이사 아구스도와 수리아 총독 구레뇨를 말하는 이유는 무엇일까요?

2. 유대인의 왕으로 오신 예수님께서 여관도 아닌 강보로 싸서 짐승이 사는 마구간의 짐승의 여물통인 구유에 뉘신 이유는 무엇일까요?

3. 하나님께서는 왜 천사가 밤에 밖에서 양떼를 지키는 목자들에게 예수님의 탄생 소식을 전하도록 하셨을까요?

4. 온 백성에게 미칠 큰 기쁨의 좋은 소식은 무엇인가요? 왜 그 소식이 온 백성에게 미칠 큰 기쁨의 소식인가요?

5. 예수님의 탄생이 '지극히 높은 곳에서는 하나님께 영광이요, 땅에서는 하나님이 기뻐하신 사람들 중에 평화'가 되는 이유는 무엇인가요?

6. 천사들이 떠난 후 베들레헴으로 향하는 목자들의 발걸음은 의심의 발걸음이었을까요? 믿음의 발걸음이었을까요? 그 이유는 무엇인가요?

7. 목자들은 천사가 자기들에게 예수님에 대하여 말한 것을 전합니다. 그리고 천사가 자기들에게 이르던 바와 같이 듣고 본 그 모든 것으로 인해 하나님께 영광을 돌리고 찬송하며 어떻게 하나요?

8. 예수님을 만나기 전의 목자들과 예수님을 만난 후의 목자들의 삶에 어떤 변화가 있을까요?

1 그 때에 가이사 아구스도가 영을 내려 천하로 다 호적하라 하였으니 2 이 호적은 구레뇨가 수리아 총독이 되었을 때에 처음 한 것이라 3 모든 사람이 호적하러 각가 고향으로 돌아가매 4 요셉도 다윗의 집 족속이므로 갈릴리 나사렛 동네에서 유대를 향하여 베들레헴이라 하는 다윗의 동네로 5 그 약혼한 마리아와 함께 호적하러 올라가니 마리아가 이미 잉태하였더라 6 거기 있을 그 때에 해산할 날이 차서 7 첫 아들을 낳아 강보로 싸서 구유에 뉘었으니 이는 여관에 있을 곳이 없음이러라 8 그 지역에 독자들이 밤에 밖에서 자기 양 떼를 지키더니 9 주의 사자가 곁에 서고 주의 영광이 그들을 두루 비추매 크게 무서워하는지라 10 천사가 이르되 무서워하지 말라 보라 내가 온 백성에게 미칠 큰 기쁨의 좋은 소식을 너희에게 전하노라 11 오늘 다윗의 동네에 너희를 위하여 구주가 나셨으니 곧 그리스도 주시니라 12 너희가 가서 강보에 싸여 구유에 뉘어 있는 아기를 보리니 이것이 너희에게 표적이니라 하더니 13 홀연히 수많은 천군이 그 천사들과 함께 하나님을 찬송하여 이르되 14 지극히 높은 곳에서는 하나님께 영광이요 땅에서는 하나님이 기뻐하신 사람들 중에 평화로다 하니라 15 천사들이 떠나 하늘로 올라가니 목자가 서로 말하되 이제 베들레헴으로 가서 주께서 우리에게 알리신 바 이 이루어진 일을 보자 하고 16 빨리 가서 마리아와 요셉과 구유에 누인 아기를 찾아서 17 보고 천사가 자기들에게 이 아기에 대하여 말한 것을 전하니 18 듣는 자가 다 목자들이 그들에게 말한 것들을 놀랍게 여기되 19 마리아는 이 모든 말을 마음에 새기어 생각하니라 20 목자들은 자기들에게 이르던 바와 같이 듣고 본 그 모든 것으로 인하여 하나님께 영광을 돌리고 찬송하며 돌아가니라

【금요일 말씀 묵상-말씀에로 삶을 끌어가기】

나의 삶에 하나님의 말씀을 맞추지 말고, 하나님의 말씀에 나의 삶을 맞춰 보세요.

◎ 본문 말씀을 3번 이상 "정독" 후 답해보세요.

1. 아기 예수님을 구유에 뉠 수 있었던 것은 구유가 비워졌기 때문입니다. 혹시 아직 먹다 남은 여물이 구유 안에 있었다면 적어도 요셉이 그 남은 여물을 깨끗이 비워내고 아기 예수님을 깨끗해진 구유에 뉠 수 있도록 했을 것입니다. 내 마음은 예수님께서 뉘실 수 있도록 깨끗이 비워져 있나요? 아니면 아직 비워야 하나요? 혹시 비워야 할 것이 남아있다면 무엇이고, 어떻게 하면 그것을 깨끗이 비울 수 있을까요?

2. 목자들이 천사가 들려준 예수님의 탄생 소식을 듣고 천사와 헤어진 후 베들레헴으로 향합니다. 베들레헴으로 향하는 목자들의 발걸음이 의심의 발걸음이었는지 아니면 믿음의 발걸음이었는지 그것은 중요하지 않습니다. 천사가 전해준 예수님의 탄생 소식을 듣고 예수님께로 향하는 발걸음 그 자체가 더 중요해 보입니다. 의심의 발걸음이었다면 확신으로 바뀔 것이고, 믿음의 발걸음이었다면 믿음의 성장이 있었을 것입니다. 지금 나의 발걸음은 예수님께로 향하고 있나요? 아니면 다른 곳을 향하고 있나요? 혹시 다른 곳을 향하고 있다면 어떻게 해야할까요??

3. 목자들은 천사가 자기들에게 이르던 바와 같이 듣고 본 그 모든 것으로 인하여 하나님께 영광을 돌리고 찬송하며 돌아갑니다. 나는 목자들과 같이 내 안에 계시는 예수님으로 인하여 하나님께 영광을 돌리며 찬송하며 살아가나요? 양떼가 있는 생업으로 돌아갔던 목자들처럼 나의 일터와 학교와 가정에서도 하나님께 영광을 돌리며 찬송하며 살아가나요? 혹시 그렇지 않다면 그 이유는 무엇인가요? 어떻게 해야할까요?

【토요일 말씀 묵상-말씀을 삶을 증명하기】 하나님의 말씀에 나의 삶을 맞춰 보세요.

[참고] 가정에서 드리는 예배 순서 :

사도신경 - 찬송 - 기도(기도자) - 말씀읽기/나눔 - 기도(합심/인도자) - 주기도문

사도신경(개역개정)	찬송가 115장 -함께 찬양합니다.(가능한 악기와 함께)
사도신경을 보고 함께 읽으며 나의 신앙을 고백합니다.	
예배를 위한 기도 -인도자/기도자 미리 기도를 준비하세요!	

말씀 -한 절씩 돌아가면서 읽습니다. 그리고 함께 하눕니다.	주기도문(개역개정) -함께 읽으며 기도합니다.
나눔 질문 말씀 속에서 가장 기억에 남는 장면은 무엇인가요? 말씀을 통해 깨닫게 된 것은 무엇인가요? 깨달은 말씀대로 살도록 적용해 보세요. (구체적으로, 실현 가능, 점검 가능) □ □ □	하늘에 계신 우리 아버지, 아버지의 이름을 거룩하게 하시며 아버지의 나라가 오게 하시며, 아버지의 뜻이 하늘에서와 같이 땅에서도 이루어지게 하소서. 오늘 우리에게 일용할 양식을 주시고, 우리가 우리에게 잘못한 사람을 용서하여 준 것 같이, 우리 죄를 용서하여 주시고, 우리를 시험에 빠지지 않게 하시고 악에서 구하소서. 나라와 권능과 영광이 영원히 아버지의 것입니다. 아멘.

【주일 말씀 묵상 - 하나님 말씀에 집중하기】
목사님을 통해 나에게 말씀하시는 하나님의 말씀에 집중해 보세요.

□ 제목 :

□ 본문 :   □ 설교자 :

설교내용	느끼고 깨달은 말씀

결론	그러면 나는 어떻게 살 것인가?
	□ □ □

주님 생각-인물편(아담)

주님 생각 인물편 '아담'을 한 주 실었습니다.
아담을 통해 주님의 마음을 알아가는 귀한 시간이 되시길 축복합니다.

감사일기

주일

월

화

감사일기

수	목

금	토

4 이것이 천지가 창조될 때에 하늘과 땅의 내력이니 여호와 하나님이 땅과 하늘을 만드시던 날에 5 여호와 하나님이 땅에 비를 내리지 아니하셨고 땅을 갈 사람도 없었으므로 들에는 초목이 아직 없었고 밭에는 채소가 나지 아니하였으며 6 안개만 땅에서 올라와 온 지면을 적셨더라 7 여호와 하나님이 땅의 흙으로 사람을 지으시고 생기를 그 코에 불어넣으시니 사람이 생령이 되니라 8 여호와 하나님이 동방의 에덴에 동산을 창설하시고 그 지으신 사람을 거기 두시니라 9 여호와 하나님이 그 땅에서 보기에 아름답고 먹기에 좋은 나무가 나게 하시니 동산 가운데에는 생명 나무와 선악을 알게 하는 나무도 있더라

15 여호와 하나님이 그 사람을 이끌어 에덴 동산에 두어 그것을 경작하며 지키게 하시고 16 여호와 하나님이 그 사람에게 명하여 이르시되 동산 각종 나무의 열매는 네가 임의로 먹되 17 선악을 알게 하는 나무의 열매는 먹지 말라 네가 먹는 날에는 반드시 죽으리라 하시니라 18 여호와 하나님이 이르시되 사람이 혼자 사는 것이 좋지 아니하니 내가 그를 위하여 돕는 배필을 지으리라 하시니라 19 여호와 하나님이 흙으로 각종 들짐승과 공중의 각종 새를 지으시고 아담이 무엇이라고 부르나 보시려고 그것들을 그에게로 이끌어 가시니 아담이 각 생물을 부르는 것이 곧 그 이름이 되었더라 20 아담이 모든 가축과 공중의 새와 들의 모든 짐승에게 이름을 주니라 아담이 돕는 배필이 없으므로 21 여호와 하나님이 아담을 깊이 잠들게 하시니 잠들매 그가 그 갈빗대 하나를 취하고 살로 대신 채우시고 22 여호와 하나님이 아담에게서 취하신 그 갈빗대로 여자를 만드시고 그를 아담에게로 이끌어 오시니 23 아담이 이르되 이는 내 뼈 중의 뼈요 살 중의 살이라 이것을 남자에게서 취하였은즉 여자라 부르리라 하니라 24 이러므로 남자가 부모를 떠나 그의 아내와 합하여 둘이 한 몸을 이룰지로다 25 아담과 그의 아내 두 사람이 벌거벗었으나 부끄러워하지 아니하니라

【월요일 말씀 묵상-느낌 그려보기】

말씀을 오감으로 느껴보는 시간입니다. 말씀을 생각하기보다 온몸으로 느껴보세요.

◎ 본문 말씀을 빠르게 읽은 후 답해보세요.

● 본문을 읽으며 느껴지는 감각을 오감으로 표현해 보세요.

시각 /

청각 /

미각 /

후각 /

촉각 /

● 나의 느낌을 따라 본문 말씀의 제목을 지어보세요.

◎ 본문 말씀을 3번 이상 "정독" 후 답해보세요.

● 본문 말씀 내에 등장하는 배역들과 숨겨진 배역들을 생각나는대로 써보세요.

● 아담이 세상에 처음 창조되었을 때 첫 느낌을 오감으로 표현해 보세요.

시각 /

청각 /

미각 /

후각 /

촉각 /

4 이것이 천지가 창조될 때에 하늘과 땅의 내력이니 여호와 하나님이 땅과 하늘을 만드시던 날에 5 여호와 하나님이 땅에 비를 내리지 아니하셨고 땅을 갈 사람도 없었으므로 들에는 초목이 아직 없었고 밭에는 채소가 나지 아니하였으며 6 안개만 땅에서 올라와 온 지면을 적셨더라 7 여호와 하나님이 땅의 흙으로 사람을 지으시고 생기를 그 코에 불어넣으시니 사람이 생령이 되니라 8 여호와 하나님이 동방의 에덴에 동산을 창설하시고 그 지으신 사람을 거기 두시니라 9 여호와 하나님이 그 땅에서 보기에 아름답고 먹기에 좋은 나무가 나게 하시니 동산 가운데에는 생명 나무와 선악을 알게 하는 나무도 있더라

15 여호와 하나님이 그 사람을 이끌어 에덴 동산에 두어 그것을 경작하며 지키게 하시고 16 여호와 하나님이 그 사람에게 명하여 이르시되 동산 각종 나무의 열매는 네가 임의로 먹되 17 선악을 알게 하는 나무의 열매는 먹지 말라 네가 먹는 날에는 반드시 죽으리라 하시니라 18 여호와 하나님이 이르시되 사람이 혼자 사는 것이 좋지 아니하니 내가 그를 위하여 돕는 배필을 지으리라 하시니라 19 여호와 하나님이 흙으로 각종 들짐승과 공중의 각종 새를 지으시고 아담이 무엇이라고 부르나 보시려고 그것들을 그에게로 이끌어 가시니 아담이 각 생물을 부르는 것이 곧 그 이름이 되었더라 20 아담이 모든 가축과 공중의 새와 들의 모든 짐승에게 이름을 주니라 아담이 돕는 배필이 없으므로 21 여호와 하나님이 아담을 깊이 잠들게 하시니 잠들매 그가 그 갈빗대 하나를 취하고 살로 대신 채우시고 22 여호와 하나님이 아담에게서 취하신 그 갈빗대로 여자를 만드시고 그를 아담에게로 이끌어 오시니 23 아담이 이르되 이는 내 뼈 중의 뼈요 살 중의 살이라 이것을 남자에게서 취하였은즉 여자라 부르리라 하니라 24 이러므로 남자가 부모를 떠나 그의 아내와 합하여 둘이 한 몸을 이룰지로다 25 아담과 그의 아내 두 사람이 벌거벗었으나 부끄러워하지 아니하니라

【화요일 말씀 묵상-말씀 그대로 보기】

말씀에 내 생각을 보태거나 빼지 말고 말씀을 말씀 그대로 이해해 보세요.

◎ 본문 말씀을 3번 이상 "정독" 후 답해보세요.

1. 천지가 창조될 때 하늘과 땅의 내력은 어떠한가요(5-6절)?

들 /

밭 /

지면 /

2. 사람이 생령이 되기까지 누가, 무엇으로, 어떻게 하셨나요(7절)?

3. 하나님께서는 그 땅에서 보기에 아름답고 먹기에 좋은 나무가 나게 하셨습니다. 이렇게 아름답고 먹기에 좋은 나무가 나있는 동산 가운데에는 어떤 나무가 있었나요(9절)?

4. 하나님께서 아담을 에덴 동산에 두신 이유는 무엇인가요?

5. 하나님께서 아담에게 명령하신 것은 무엇인가요?

6. 하나님께서 사람이 혼자 사는 것을 좋지 않게 여기시고 아담을 위해 무엇을 지어 주시겠다고 말씀하시나요(18절)?

7. 하나님께서는 흙으로 각종 들짐승과 공중의 각종 새를 지으시고 아담이 무엇이라고 부르나 보시려고 그것들을 그에게로 이끌어 가십니다. 그 때 아담이 각 생물을 부르게 되는데 그 부르는 것이 무엇이 되었나요(19절)?

8. 아담이 돕는 배필이 없으므로 하나님께서 아담을 위해 어떻게 하셨나요(21-22절)?

하나님께서 아담을

　　　　잠든 아담의 ＿＿＿＿＿＿＿＿＿＿＿＿＿＿＿＿＿＿

　　　　아담에게서 취하신 그 갈빗대로 ＿＿＿＿＿＿＿＿＿＿＿＿＿＿

　　　　돕는 배필을 아담에게로 ＿＿＿＿＿＿＿＿＿＿＿＿＿＿

4 이것이 천지가 창조될 때에 하늘과 땅의 내력이니 여호와 하나님이 땅과 하늘을 만드시던 날에 5 여호와 하나님이 땅에 비를 내리지 아니하셨고 땅을 갈 사람도 없었으므로 들에는 초목이 아직 없었고 밭에는 채소가 나지 아니하였으며 6 안개만 땅에서 올라와 온 지면을 적셨더라 7 여호와 하나님이 땅의 흙으로 사람을 지으시고 생기를 그 코에 불어넣으시니 사람이 생령이 되니라 8 여호와 하나님이 동방의 에덴에 동산을 창설하시고 그 지으신 사람을 거기 두시니라 9 여호와 하나님이 그 땅에서 보기에 아름답고 먹기에 좋은 나무가 나게 하시니 동산 가운데에는 생명 나무와 선악을 알게 하는 나무도 있더라

15 여호와 하나님이 그 사람을 이끌어 에덴 동산에 두어 그것을 경작하며 지키게 하시고 16 여호와 하나님이 그 사람에게 명하여 이르시되 동산 각종 나무의 열매는 네가 임의로 먹되 17 선악을 알게 하는 나무의 열매는 먹지 말라 네가 먹는 날에는 반드시 죽으리라 하시니라 18 여호와 하나님이 이르시되 사람이 혼자 사는 것이 좋지 아니하니 내가 그를 위하여 돕는 배필을 지으리라 하시니라 19 여호와 하나님이 흙으로 각종 들짐승과 공중의 각종 새를 지으시고 아담이 무엇이라고 부르나 보시려고 그것들을 그에게로 이끌어 가시니 아담이 각 생물을 부르는 것이 곧 그 이름이 되었더라 20 아담이 모든 가축과 공중의 새와 들의 모든 짐승에게 이름을 주니라 아담이 돕는 배필이 없으므로 21 여호와 하나님이 아담을 깊이 잠들게 하시니 잠들매 그가 그 갈빗대 하나를 취하고 살로 대신 채우시고 22 여호와 하나님이 아담에게서 취하신 그 갈빗대로 여자를 만드시고 그를 아담에게로 이끌어 오시니 23 아담이 이르되 이는 내 뼈 중의 뼈요 살 중의 살이라 이것을 남자에게서 취하였은즉 여자라 부르리라 하니라 24 이러므로 남자가 부모를 떠나 그의 아내와 합하여 둘이 한 몸을 이룰지로다 25 아담과 그의 아내 두 사람이 벌거벗었으나 부끄러워하지 아니하니라

【수요일 말씀 묵상-숨겨진 것 찾아 보기】

말씀 속 인물들의 마음을 헤아려 보고, 본문의 앞 뒤 문맥과 상황들을 살펴보세요.

◎ 본문 말씀을 3번 이상 "정독" 후 답해보세요.

1. 하나님께서는 왜 땅의 흙으로 사람을 지으셨을까요?

2. 하나님께서 왜 동산 가운데에 생명 나무와 선악을 알게하는 나무를 두셨을까요?

3. 에덴 동산에서 혼자 살고있는 아담을 향한 하나님의 마음은 어땠을까요?

4. 하나님께서 창조하신 들짐승과 새들이 아담 앞으로 올 때 아담의 마음은 어땠을까요?

5. 아담이 들짐승과 새들을 부르는 모습을 보시는 하나님의 마음은 어땠을까요?

6. 아담을 위해 아담의 갈빗대로 '돕는 배필'을 만드실 때 하나님의 마음은 어땠을까요?

7. '돕는 배필'을 아담에게로 이끌어 가시는 하나님의 마음과 아담에게로 향하는 '돕는 배필'의 마음은 어땠을까요?

8. 아담의 갈빗대로 창조된 '돕는 배필'이 처음 아담을 만났을 때 어떤 마음이 들었을까요?

4 이것이 천지가 창조될 때에 하늘과 땅의 내력이니 여호와 하나님이 땅과 하늘을 만드시던 날에 5 여호와 하나님이 땅에 비를 내리지 아니하셨고 땅을 갈 사람도 없었으므로 들에는 초목이 아직 없었고 밭에는 채소가 나지 아니하였으며 6 안개만 땅에서 올라와 온 지면을 적셨더라 7 여호와 하나님이 땅의 흙으로 사람을 지으시고 생기를 그 코에 불어넣으시니 사람이 생령이 되니라 8 여호와 하나님이 동방의 에덴에 동산을 창설하시고 그 지으신 사람을 거기 두시니라 9 여호와 하나님이 그 땅에서 보기에 아름답고 먹기에 좋은 나무가 나게 하시니 동산 가운데에는 생명 나무와 선악을 알게 하는 나무도 있더라

15 여호와 하나님이 그 사람을 이끌어 에덴 동산에 두어 그것을 경작하며 지키게 하시고 16 여호와 하나님이 그 사람에게 명하여 이르시되 동산 각종 나무의 열매는 네가 임의로 먹되 17 선악을 알게 하는 나무의 열매는 먹지 말라 네가 먹는 날에는 반드시 죽으리라 하시니라 18 여호와 하나님이 이르시되 사람이 혼자 사는 것이 좋지 아니하니 내가 그를 위하여 돕는 배필을 지으리라 하시니라 19 여호와 하나님이 흙으로 각종 들짐승과 공중의 각종 새를 지으시고 아담이 무엇이라고 부르나 보시려고 그것들을 그에게로 이끌어 가시니 아담이 각 생물을 부르는 것이 곧 그 이름이 되었더라 20 아담이 모든 가축과 공중의 새와 들의 모든 짐승에게 이름을 주니라 아담이 돕는 배필이 없으므로 21 여호와 하나님이 아담을 깊이 잠들게 하시니 잠들매 그가 그 갈빗대 하나를 취하고 살로 대신 채우시고 22 여호와 하나님이 아담에게서 취하신 그 갈빗대로 여자를 만드시고 그를 아담에게로 이끌어 오시니 23 아담이 이르되 이는 내 뼈 중의 뼈요 살 중의 살이라 이것을 남자에게서 취하였은즉 여자라 부르리라 하니라 24 이러므로 남자가 부모를 떠나 그의 아내와 합하여 둘이 한 몸을 이룰지로다 25 아담과 그의 아내 두 사람이 벌거벗었으나 부끄러워하지 아니하니라

【목요일 말씀 묵상-더 깊이 들여다 보기】

본문의 내용을 정리하고, 비교하며, 심층적으로 분석하여 충실하게 하나님의 말씀을 묵상해 보세요.

◎ 본문 말씀을 3번 이상 "정독" 후 답해보세요.

1. 아담이 창조되기 전의 세상과 아담이 창조된 후의 세상을 비교해 보세요.

2. 하나님께서 아담을 에덴 동산으로 이끄시어 에덴 동산을 경작하며 지키도록 하신 때는 아담이 죄를 짓기 전인가요, 죄를 지은 후 인가요?

3. 하나님께서는 아담을 에덴 동산으로 이끄시어 에덴 동산을 경작하며 지키게 하십니다. 그렇다면 에덴 동산을 경작하며 지킴으로 얻어지는 소산은 아담의 것인가요, 아니면 하나님의 것인가요? 그 이유는 무엇인가요?

4. 하나님은 왜 아담이 혼자 사는 것을 좋지 않게 여기셨을까요?

5. 하나님께서는 첫 사람 아담을 창조하실 때 흙으로 만드셨습니다. 그런데 아담을 위한 '돕는 배필'을 만드실 때는 왜 흙이 아닌 아담의 갈빗대를 취하셔서 만드셨을까요?

6. "남자가 부모를 떠나 그의 아내와 합하여 둘이 한 몸을 이룰지로다."라는 말씀은 무슨 뜻일까요?

7. 아담과 그의 아내 두 사람이 벌거벗었으나 부끄러워하지 아니한 이유는 무엇 때문일까요?

4 이것이 천지가 창조될 때에 하늘과 땅의 내력이니 여호와 하나님이 땅과 하늘을 만드시던 날에 5 여호와 하나님이 땅에 비를 내리지 아니하셨고 땅을 갈 사람도 없었으므로 들에는 초목이 아직 없었고 밭에는 채소가 나지 아니하였으며 6 안개만 땅에서 올라와 온 지면을 적셨더라 7 여호와 하나님이 땅의 흙으로 사람을 지으시고 생기를 그 코에 불어넣으시니 사람이 생령이 되니라 8 여호와 하나님이 동방의 에덴에 동산을 창설하시고 그 지으신 사람을 거기 두시니라 9 여호와 하나님이 그 땅에서 보기에 아름답고 먹기에 좋은 나무가 나게 하시니 동산 가운데에는 생명 나무와 선악을 알게 하는 나무도 있더라

15 여호와 하나님이 그 사람을 이끌어 에덴 동산에 두어 그것을 경작하며 지키게 하시고 16 여호와 하나님이 그 사람에게 명하여 이르시되 동산 각종 나무의 열매는 네가 임의로 먹되 17 선악을 알게 하는 나무의 열매는 먹지 말라 네가 먹는 날에는 반드시 죽으리라 하시니라 18 여호와 하나님이 이르시되 사람이 혼자 사는 것이 좋지 아니하니 내가 그를 위하여 돕는 배필을 지으리라 하시니라 19 여호와 하나님이 흙으로 각종 들짐승과 공중의 각종 새를 지으시고 아담이 무엇이라고 부르나 보시려고 그것들을 그에게로 이끌어 가시니 아담이 각 생물을 부르는 것이 곧 그 이름이 되었더라 20 아담이 모든 가축과 공중의 새와 들의 모든 짐승에게 이름을 주니라 아담이 돕는 배필이 없으므로 21 여호와 하나님이 아담을 깊이 잠들게 하시니 잠들매 그가 그 갈빗대 하나를 취하고 살로 대신 채우시고 22 여호와 하나님이 아담에게서 취하신 그 갈빗대로 여자를 만드시고 그를 아담에게로 이끌어 오시니 23 아담이 이르되 이는 내 뼈 중의 뼈요 살 중의 살이라 이것을 남자에게서 취하였은즉 여자라 부르리라 하니라 24 이러므로 남자가 부모를 떠나 그의 아내와 합하여 둘이 한 몸을 이룰지로다 25 아담과 그의 아내 두 사람이 벌거벗었으나 부끄러워하지 아니하니라

【금요일 말씀 묵상-말씀에로 삶을 끌어가기】

나의 삶에 하나님의 말씀을 맞추지 말고, 하나님의 말씀에 나의 삶을 맞춰 보세요.

◎ 본문 말씀을 3번 이상 "정독" 후 답해보세요.

1. 하나님께서 아담을 창조하시고 에덴으로 이끄신 이유는 에덴 동산을 경작하며 지키게 하심으로 하나님의 나라를 이루어가시기 위해서였습니다. 그러면 하나님께서 '나'를 지금 이 시간, 이 곳, 이 공동체로 이끄신 이유는 무엇 때문일까요?

2. 에덴 동산을 경작하고 지키며 하나님의 나라를 이루어갈 때 아담에게 가장 필요한 것은 무엇이었을까요? 그리고 이 땅에서 경작하고 지키며 하나님의 나라를 이루어갈 때에 나에게 가장 필요한 것은 무엇일까요?

3. 하나님께서는 아담을 위해서 '돕는 배필'을 만드셨습니다. '돕는 배필'의 존재 이유와 삶의 목적은 아담의 부족한 부분을 잘 도와 하나님의 나라를 이루어가는 것입니다. 나는 어떤 '돕는 배필'을 구하며, 어떤 '돕는 배필'이 되도록 준비하고 있나요?

【토요일 말씀 묵상-말씀을 삶을 증명하기】 하나님의 말씀에 나의 삶을 맞춰 보세요.

[참고] 가정에서 드리는 예배 순서 :

사도신경 - 찬송 - 기도(기도자) - 말씀읽기/나눔 - 기도(합심/인도자) - 주기도문

사도신경(개역개정)	찬송가79장 -함께 찬양합니다.(가능한 악기와 함께)
사도신경을 보고 함께 읽으며 나의 신앙을 고백합니다.	
예배를 위한 기도 -인도자/기도자 미리 기도를 준비하세요!	

말씀 -한 절씩 돌아가면서 읽습니다. 그리고 함께 하눕니다.	주기도문(개역개정) -함께 읽으며 기도합니다.
나눔 질문 말씀 속에서 가장 기억에 남는 장면은 무엇인가요? 말씀을 통해 깨닫게 된 것은 무엇인가요? 깨달은 말씀대로 살도록 적용해 보세요. (구체적으로, 실현 가능, 점검 가능) □ □ □	하늘에 계신 우리 아버지, 아버지의 이름을 거룩하게 하시며 아버지의 나라가 오게 하시며, 아버지의 뜻이 하늘에서와 같이 땅에서도 이루어지게 하소서. 오늘 우리에게 일용할 양식을 주시고, 우리가 우리에게 잘못한 사람을 용서하여 준 것 같이, 우리 죄를 용서하여 주시고, 우리를 시험에 빠지지 않게 하시고 악에서 구하소서. 나라와 권능과 영광이 영원히 아버지의 것입니다. 아멘.

【주일 말씀 묵상 - 하나님 말씀에 집중하기】
목사님을 통해 나에게 말씀하시는 하나님의 말씀에 집중해 보세요.

□ 제목 :

□ 본문 :   □ 설교자 :

설교내용	느끼고 깨달은 말씀

결론	그러면 나는 어떻게 살 것인가?
	□ □ □

대림절

주님
생각

초판 1쇄 발행 2024. 11. 22.

지은이   황사무엘

펴낸이   황사무엘
펴낸곳   글로벌비전아카데미
주 소   경기도 수원시 팔달구 인계로 124번길 19(인계동) 9층 909호
전 화   010-2175-7282
이메일   shallom1207@hanmail.net
등 록   2024년 01월 16일
창립일   2024년 01월 16일

제 작   도서출판 소망
주 소   10252 경기도 고양시 일산동구 고봉로 776-92
전 화   031-976-8970
팩 스   031-976-8971
이메일   somangsa77@daum.net
등 록   (제48호) 2015년 9월 16일

ISBN   979-11-990211-0-5 03230
책값은 뒤표지에 있습니다.